AF543993

Clemens Ottawa

Die Unvollendeten

Clemens Ottawa

Die Unvollendeten

Berühmte Werke, die keinen Abschluss fanden

Bücher, Bauten, Symphonien, Filme

zuKlampen!

Umschlaggestaltung: Stefan Hilden · München · hildendesign.de
unter Verwendung von mehreren Motiven von Midjourney und Shutterstock.com
Satz: Germano Wallmann · Gronau · geisterwort.de
Druck: CPI – Clausen & Bosse · Leck · cpidirect.cpi-print.de

ISBN Print 978-3-86674-997-9
ISBN E-Book-Pdf 978-3-98737-383-1
ISBN E-Book-Epub 978-3-98737-382-4

Bibliografische Information der Deutschen Nationalbibliothek
Die Deutsche Nationalbibliothek verzeichnet diese Publikation
in der Deutschen Nationalbibliografie; detaillierte bibliografische Daten
sind im Internet über ‹http://dnb.dnb.de› abrufbar.

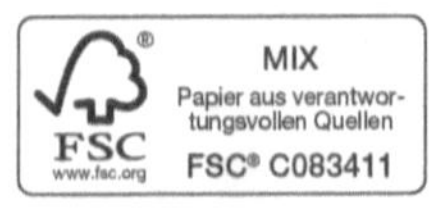

Für meine geliebte Mama
Susanne Ottawa (1948–2022)

Inhalt

Film

Vorwort

Diese Was-wäre-wenn-Frage, die man so oft stellen kann, hat ja wirklich ihren Reiz. So kann man praktisch alles Gedankenexperimenten unterziehen. Der Medizinhistoriker Paul Diepgen nannte eines seiner Bücher *Unvollendete – Vom Leben und Wirken früh verstorbener Forscher und Ärzte aus anderthalb Jahrhunderten*. Bereits 1960 stellte Diepgen in seinem Buch die Frage, inwieweit die behandelten Forscher und Ärzte ihre bahnbrechenden Entdeckungen noch weiter hätten vorantreiben können, wenn sie nur länger gelebt hätten. Diepgen benannte sein Buch auch in Anlehnung an Franz Schuberts *Unvollendete*, seiner Symphonie in h-Moll. Die amerikanische Essayistin und Autorin Susan Sontag sah im Fragmentarischen eine typische Erscheinung der Neuzeit: »Das Fragment scheint die angemessene Kunstform unserer Zeit zu sein.« Das Unvollendete also als eigene Form der Kunst? Das mag für Menschen mit Hang zur Perfektion und dem Drang, das, was man begonnen hat, auch zu einem Ende zu bringen, die reinste Horrorvorstellung sein. Ähnlich, wie es Sheldon aus der Sitcom *The Big Bang Theory* geht, der ganz unruhig wird, wenn beispielsweise eine Melodie nicht beendet wird. Solchen Leserinnen und Lesern würde dieses Buch vermutlich wenig Freude bereiten, denn es setzt sich mit unvollendeten Meisterwerken aus den verschiedensten Bereichen auseinander. Zwar versucht es, den Gründen für die Nichtvollendung nachzuforschen, doch werden nicht alle Fragen bis ins Letzte geklärt werden können.

Nicht beendete Projekte gibt es in vielen Genres und Bereichen. Musik spielt dabei genauso eine Rolle wie Literatur oder Architektur, Film oder Malerei. Und es ist keineswegs immer der dazwischengekommene Tod des Schaffenden, der ein Werk unvollendet lassen kann. Immerhin stammt Schuberts *Unvollendete* aus dem Jahre 1822. Gestorben ist er 1828. Warum also beendete er sie nicht? Dieses Buch geht auf Spurensuche und erzählt die Geschichten, die hinter diesen unvollendeten Werken stehen, denn es ist nicht immer so, wie man glaubt. Manchmal stecken verblüffende Gründe hinter der ausbleibenden Fertigstellung, wie bei Benjamin Wests berühmtem Gemälde *Der Vertrag von Paris*. Es ist ein seltsames, sehr menschliches Phänomen, dass offene oder unvollendete Ausgänge uns beunruhigen. Man wünscht sich insgeheim eben doch ein Happy End oder jedenfalls die Gewissheit, wie etwas endet; haben wir diese Gewissheit nicht, so fühlen wir uns seltsam betrogen. In der Epoche der Romantik war das Unvollendete ein absichtliches Stilmittel. Es symbolisierte das Unvollkommene, ließ so aber gleichzeitig auch viel Platz für Imagination. Friedrich Schlegel sagte sogar, dass ein guter Roman Fragment bleiben müsse. Und die Faszination des Unfertigen, des Unvollendeten, des Fragments hat bis heute angehalten. Was wäre denn Barcelona und seine Sagrada Família, wenn Gaudí das Bauwerk zu seinen Lebzeiten hätte vollenden können? Natürlich wäre der Sakralbau ein Touristenmagnet, aber wohl kaum in dem Ausmaß, wie er es als bekanntestes unfertiges Gebäude der Welt wäre. Was nicht ist, das kann aber in diesem Falle noch werden, da die katalanische Hauptstadt durchaus an einer Fertigstellung interessiert ist. Diese wurde, mehr oder weniger offiziell, für das Jahr 2026, rechtzeitig zum hundertsten Todestag des Architekten angekündigt. Der Corona-Pandemie wegen wackelt dieses Vorhaben allerdings.

Wir fragen uns auch, ob Kafka seinen Roman *Das Schloss* hätte fertigstellen können, und warum Robert Musil bis zuletzt wie besessen an seinem Monumentalroman *Mann ohne Eigenschaften* schrieb und ihn doch nicht abschließen konnte. Und warum startete der Filmemacher Orson Welles so viele Projekte, die er nie zu Ende brachte? All das sollen Sie in den folgenden Kapiteln erfahren. Und seien Sie unbesorgt: In diesem Buch werden alle Geschichten bis zu ihrem Ende erzählt – nichts bleibt unvollendet.

Musik

1

Johann Sebastian Bach und die Quadrupelfuge

Steckbrief

Werk: Kunst der Fugen

Jahr der Unvollendung: 1750

Urheber: Johann Sebastian Bach (1685–1750)

»Ueber dieser Fuge, wo der Nahme BACH im Contrasubject angebracht worden ist, ist der Verfaßer gestorben.« Diesen Vermerk finden wir bei den letzten Noten der unvollendet gebliebenen *Kunst der Fugen.* Er stammt von Carl Philipp Emanuel Bach, dem berühmtesten der Bach-Söhne. Sein Vater, Johann Sebastian Bach, segnet also, bereits komplett erblindet, während der Arbeit an der Quadrupelfuge das Zeitliche.

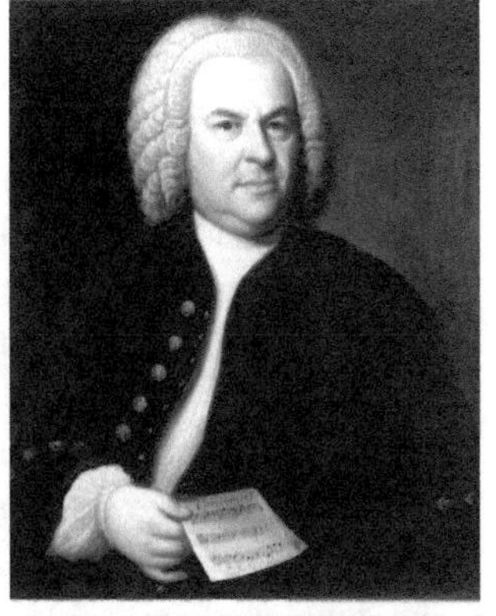

Abb. 1: Bach, hier knapp 61-jährig, auf dem berühmten Ölporträt von Elias Gottlob Haussmann (1695–1774) aus dem Jahre 1746.

Dieser erwähnte Sohn ist es auch, der maßgeblich an der Legendenbildung rund um dieses vermeintlich letzte Werk seines Vaters beteiligt ist. Sofort nach dessen Tod wurden schöne Geschichten rund um die Stücke dieser polyphonen Gedankenarbeit verbreitet. Aber beginnen wir der Reihe nach.

Hinter Johann Sebastian Bach liegt schon ein erfolgreiches und ertragreiches Komponistenleben, als er, wahrscheinlich um 1740, mit ersten Vorarbeiten zu seinem großen Fugenprojekt beginnt. Es sollte sein letztes Opus magnum werden, an dem er bis zu seinem Tod arbeiten würde. Die Grundidee hinter dem Werk, das die Nummer 1080 im Bach'schen Werkverzeichnis trägt, ist die Entdeckung und die Auslotung der kontrapunktischen Möglichkeiten. Eine handschriftlich erhaltene Frühfassung datiert wohl aus dem Jahre 1742. Genau wissen wir das allerdings nicht. Bach ist seit 1723 in Leipzig als Thomaskantor tätig. Davor wirkt der gebürtige Eisenacher fast sechs Jahre als Kapellmeister in Köthen, wo er von Prinz Leopold von Anhalt-Köthen fast göttlich verehrt wird. Und der Monarch wird seinerseits Pate für Bachs Sohn Leopold Augustus, der allerdings bald nach der Geburt stirbt. In jedem Fall sorgt der jung verstorbene Monarch dafür, dass der Name Bach über die Grenzen des Landes bekannt wird. Den Ruf als Orgelvirtuose festigt dieser zudem durch komplexe Kompositionen, die nicht jeder Musiker spielen kann, Bach jedoch schon. Man nennt ihn auch den »Mann mit den fliegenden Füßen«, weil er beim Orgelspiel die Pedale so schnell drückt, dass manchem Zuschauer schwindelig wird. Aber es sind nicht nur die Beine allein: »Alle Finger waren bey ihm gleich geübt; alle waren zu der feinsten Reinigheit in der Ausführung gleich geschickt. Er hatte sich so eine bequeme Fingersetzung ausgenommen, daß es ihm nicht schwer fiel, die größten Schwierigkeiten mit der fließendsten Leichtigkeit vorzutragen«, sagte ein zeitgenössischer Musikkritiker über den Komponisten, der auch gerne längst abgeschriebene Musikformen, wie Choralvorspiele, wieder aufgreift. Und Bachs Favorit ist dabei die Fuge.

Die musikalische Form der Fuge ist im späten Barock eine bereits veraltete, dennoch fasziniert sie Bach über alle Maßen. Das Konzept der Variation über ein und dasselbe Motiv erscheint ihm großartig. Es ist anzunehmen, dass er aus dieser Faszination heraus bereits während der Arbeit an seinen Goldberg-Variationen erste Stücke des Fugen-Zyklus entworfen hat. Dass er sich überhaupt mit der Fuge und den Grundlagen des Kontrapunkts in der Komposition befasst, verdankt Bach dem theoretischen Werk *Gradus ad Parnassum* (1725) des österreichischen Komponisten Johann Joseph Fux (1660–1741). Die doch recht trockene, ja, fast mathematische Form der Fuge gefällt Bach, der Musik nicht nur als bloße Unterhaltung, sondern vielmehr als Wissenschaft ansieht.

Und da wahrscheinlich nicht jeder gleich das Prinzip einer musikalischen Fuge parat hat, hier eine kurze Erklärung: Bei einer Fuge wird in einer klaren Ordnung ein bestimmtes musikalisches Thema durch alle Stimmen geführt. Das ist hochkomplex. In Johann Sebastian Bachs *Kunst der Fuge*, die insgesamt vierzehn Fugen und vier Kanons beinhaltet, werden die verschiedenen Fugenarten variiert mittels Fugen, Gegenfugen, Doppel- und Tripelfugen, Spiegelfugen, Miniaturen und Vergrößerungen. Ein schlichtes Thema in d-Moll wird von ihm auf immer neue Weise bearbeitet oder fugiert, wie man so schön sagt. Es ist eine sperrige Angelegenheit des Komponierens und scheint am Ende ein doch zu umfangreiches Projekt für den gesundheitlich schon sehr angeschlagenen Bach. Der letzte Satz dieses Werks ist eine Quadrupelfuge, also eine Fuge mit gleich vier Themen, die miteinander kombiniert werden, welche nach der Einführung des dritten Themas mit den Noten b-a-c-h abbricht. Als hätte der Komponist das nahende Ende gespürt und sich noch rasch verewigt.

Bleibt aber die Frage, warum Bach die Arbeit immer wieder und immer wieder so lange unterbrochen hatte, denn immerhin liegen zwischen dem Anfang des Projekts und dem (persönlichen) Ende zehn Jahre. Womöglich steckten profane Gründe dahinter – vielleicht hatte er Angst, dass das ganze Projekt scheitern könnte. Immerhin war es sehr aufwendig, komplex und umfangreich, alles nichts, was der spätbarocke Mensch gerne hören wollte, denn diese Form der Musik ist zu Bachs Zeit schon längst veraltet. Zudem kamen auch immer wieder Auftragsarbeiten und andere, etwas zugänglichere Projekte dazwischen.

Als er 1748 die Drucklegung der Noten vorbereitet, kann er immerhin noch die Hälfte der Stiche selbst beaufsichtigen. Allerdings ist das ein Unterfangen, das ein schweres werden wird. Der Meister hat seit geraumer Zeit größte Augenprobleme, ja, die völlige Blindheit ist fast nicht mehr aufzuhalten.

Bald erkennt Bach die Zeilen der Notenblätter auch beim besten Willen nicht mehr und seine Frau Anna Magdalena Bach erscheint ihm nur noch schemenhaft. Das jahrzehntelange nächtliche Komponieren im matten Kerzenlicht hat seine Spuren hinterlassen; heute weiß man, dass Bach grauen Star hatte. Er sieht vielleicht noch dreißig, bestenfalls vierzig Prozent seiner Umgebung und so beginnt er, seinen Söhnen Kompositionen zu diktieren, um seine Augen zu entlasten. »Aus Begierde, Gott und seinem Nächsten mit seinen übrigen noch sehr muntern Seelen- und Leibeskräften ferner zu dienen«, begibt sich Johann Sebastian Bach in die Hände des berüchtigten englischen Okulisten und Mediziners Sir John Taylor, der damals gerade auf einer Reise quer durch Europa war. Taylor untersucht Bach kurz, legt ihm dann eine Augenoperation nahe und dieser willigt ein. Bach weiß offenkundig nicht um den fragwürdigen Ruf Taylors, der sich selbst für den größten Mediziner seiner Zeit hält. Nach seiner medizinischen Ausbildung war John Taylor nämlich in die Schweiz gegangen, wo er hunderte Patienten durch missglückte Operationen erblinden ließ. Im März 1750 wird Bach zum ersten Mal operiert. Zwei Wochen vergehen, in denen er nicht komponieren kann, weil er nur Schatten wahrnimmt. Anfangs vertröstet ihn Taylor noch, dann aber meint er, dass es wohl noch einer zweiten Operation bedürfen würde, die im April auch stattfindet. Doch beide Eingriffe verlaufen erfolglos, ja sogar gegenteilig: Bachs Augen sind noch geschwächter als zuvor. Und schließlich erlischt auch die letzte Sehkraft. Wahrscheinlich erleidet der Komponist eine Wundinfektion der Augen. In den letzten Wochen vor seinem Tod ist der Komponist komplett erblindet, dennoch nimmt er sogar noch einen Schüler, den jungen Johann Gottfried Müthel (1728–1788), der ihn höchstwahrscheinlich auch bei einigen kompositorischen Fertigstellungen unterstützt, auf. Acht Jahre später, 1758, sollte der »Augenarzt« Taylor übrigens das Gleiche mit dem zweiten großen deutschen Barock-Komponisten, Georg Friedrich Händel, machen. Auch ihn ließ er nach einer schief gegangenen Augenoperation erblindet zurück und er lebte nach diesem Schicksalsschlag nur noch wenige Jahre.

Vom Krankenbett aus mit dickem Augenverband, gibt Bach nun also seinen Söhnen und wahrscheinlich auch Müthel Anweisungen, wie und was sie ergänzen sollen und es macht den Eindruck, als meinte Bach, dass er sich bald wieder völlig erholen würde und die Arbeiten zu einem Ende bringen könnte. Der früher so robuste Mann möchte nicht akzeptieren, dass die Kräfte ihn langsam, aber stetig, verlassen. Aber so ist es.

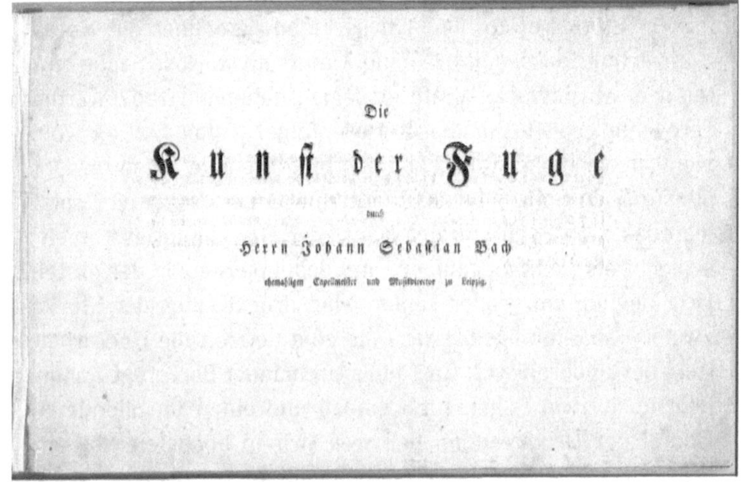

Die

Kunst der Fuge

durch

Herrn Johann Sebastian Bach

ehemahligen Capellmeister und Musikdirector zu Leipzig.

Abb. 2: Das Titelblatt der Erstausgabe, 1751.

Dem Verfall der Augen folgt schließlich ein körperlicher Verfall. Dennoch sind alle überrascht, als der Meister im Juli 1750, »abends nach einem Viertel auf 9« stirbt, denn ernsthaft krank ist er tatsächlich niemals gewesen. Im Nekrolog auf Bach steht geschrieben, dass der Komponist »durch hinzugefügte schädliche Medicamente und Nebendinge« so geschwächt wurde, dass sein »im übrigen überaus« gesunder Körper geschwächt wurde. Nach einem »Schlagfusse«, womit damals ein Schlaganfall gemeint war, und anschließendem »Fieber« gibt es keine Rettung mehr »ungeachtet aller möglichen Sorgfalt zweyer der geschicktesten Leipziger Aerzte«. Begraben wird er ganz ohne Brimborium in einem anonymen Grab.

Und nun tritt große Ratlosigkeit darüber auf, was mit seinem letzten großen Projekt, der *Kunst der Fuge,* passieren soll.

Wie genau Johann Sebastian Bach das Werk angelegt hätte, ist unklar, und niemand scheint eingeweiht. Ja, es ist sogar nicht einmal klar, für welches Instrument oder welche Instrumente der Zyklus gedacht war. Carl Philipp Emanuel Bach notiert unter die begonnene Quadrupelfuge jenen Satz, den wir ja schon zu Beginn lasen. Sein Vater ist während der Arbeit an diesem Stück verstorben – dass er ausgerechnet die Noten b-a-c-h hinterlassen hat, ist eine weitere mysteriöse Sache hinter dem Musikstück. Ahnte er seinen nahenden Tod? Warum verewigte er sich mit dieser Notenfolge? Zufall war es wohl weniger, vielmehr wahrscheinlich eine kreative Signatur. Der älteste Bach-Sohn gibt das Werk zum Druck frei, zuvor setzt man das, was Bach von der *Kunst der Fuge* hinterlässt, mehr schlecht als recht zusammen, und dabei passiert in der ersten Drucklegung ein grober Fehler: Man druckt eines der Stücke zweimal ab, ahnungslos, dass die eine Version die Überarbeitung der anderen war. Carl Philipp Emanuel Bach fügt außerdem noch zwei Fugen für Cembali und einen unvollendeten Choral der Druckversion bei, weil »wir in höchsten Nöthen« seien, wie er schreibt. Er meint damit natürlich die prekäre finanzielle Situation. Bach war ein Vielarbeiter, was er auch sein musste, hatte er doch eine große Familie und verdienten auch seine zweite Frau und die Töchter nicht ihr eigenes Geld. Bachs ältester Sohn ist nun derjenige, der der Großfamilie vorsteht. Johann Sebastian Bach hinterlässt kein Testament. Ein Inventar wird angefertigt und kurz nach der Beisetzung auf dem Johannisfriedhof wird der Nachlass im Gesamtwert von 1122 Talern unter den Erben, der Witwe und den neun überlebenden Kindern, aufgeteilt.

Carl Philipp Emanuel Bach kümmert sich um die Stiefmutter und die Halbgeschwister. Er bewirbt sich um die Nachfolge seines Vaters als Thomaskantor, wird aber abgelehnt. Bachs Witwe erhält nach seinem Tod nun regelmäßige Zahlungen des Almosenamtes und Geld von Gönnern und Bewunderern ihres Mannes, dennoch überlebt ihn Anna Magdalena (1701–1760), die übrigens in ihren Jugendjahren eine gefeierte Pianistin war, um gerade einmal zehn Jahre. Die Töchter halten sich mit

Näharbeiten über Wasser und erhalten etwas Geld vom großen Bruder Carl Philipp Emanuel.

1808 wird bekannt, dass die letzte noch lebende Bach-Tochter Regina Susanna in völliger Armut lebt. Ein großer Spendenaufruf in Leipzig, Wien und Berlin bringt eine Summe von einigen hundert Talern, die an die alte Dame ausbezahlt werden. Sie stirbt Ende 1809, zu einem Zeitpunkt, als der Name ihres Vaters noch ein Begriff ist, doch nur zehn Jahre später gerät er in Vergessenheit und schlummert daraufhin lange Jahre im Dornröschenschlaf.

1927 wird das aufwändige Fugen-Stück, bearbeitet für großes Orchester, in St. Thomas zu Leipzig aufgeführt. Im großen Konzertsaal soll auch Thomas Mann gesessen haben. Barockmusik als Teil der intellektuellen Szene steht hoch im Kurs in den Roaring Twenties. Bach ist wieder sehr bekannt nach seiner großen Wiederentdeckung gut hundert Jahre zuvor durch den Komponisten Felix Mendelssohn-Bartholdy, nun aber wird er regelrecht zum Inbegriff des Barock und zum Synonym für Orgelkomposition. Etwas, das zur Zeit seines Todes kaum abzusehen war und ein schönes Happy End für den Komponisten ist.

2

Franz Schubert und seine siebte Symphonie

Steckbrief

Werk: 7. Symphonie

Jahr der Unvollendung: 1822

Urheber: Franz Schubert (1797–1828)

Anfang 2019 macht in der Musikwelt eine Meldung auf sich aufmerksam, die allerdings nichts wirklich verändert hat und auch nicht richtig ernst genommen wurde – jedenfalls vermeldet der chinesische Konzern Huawei, dass er mithilfe künstlicher Intelligenz Franz Schuberts (1797–1828) *Unvollendete*, die Symphonie in h-Moll, fertigkomponiert habe. Anhand der vorhandenen Skizzen wurden fehlende Sätze analysiert und vervollständigt. Das Medienecho ist freilich nicht so groß, wie es sich der Konzern vielleicht erhofft hat.

Was allerdings nun viele Menschen an der Huawei-Geschichte irritierte, war, dass ein Konzern, dem immer wieder vorgeworfen wird, dass er mit dem chinesischen Geheimdienst kooperiere, Schuberts Gedanken »entschlüsselt« haben wollte. Und die Frage kam auf: Ginge das auch bei jedem anderen? Dessen ungeachtet findet am 4. Februar 2019 tatsächlich die Uraufführung der nun beendeten Symphonie statt, einen Tag vor dem chinesischen Neujahr. Ein gutes Jahr später verkündet übrigens der Telekom-Konzern, dass auch er eine Symphonie dank künstlicher Intelligenz zu Ende komponiert habe – es ist Beethovens Zehnte, die nur rudimentär existiert. Mobilfunkanbieter vollenden also nun klassische Musikstücke. Ob das den Meistern gefallen hätte?

Aber kommen wir nun zur eigentlichen Geschichte der *Unvollendeten* von Franz Schubert, fernab von künstlicher Intelligenz, Gedankenlesen und Großkonzernen, und zu dem Grund, warum knapp zweihundert Jahre nach dem Tod des Komponisten jemand anderes als er seine Symphonie beenden konnte. Und dabei war Huawei nicht einmal die erste Partei, die das tat:

Bei der Uraufführung der Siebten von Schubert am 17. Dezember 1865 in Wien, 43 Jahre nach ihrer Entstehung und 37 Jahre nach dem Tod ihres Schöpfers, wollte Johann von Herbeck (1831–1877), seines Zeichens Musikdirektor der Wiener Gesellschaft der Musikfreunde, dem Publikum kein unvollendetes Werk präsentieren und handelte daher ähnlich eigenmächtig wie hundertfünfzig Jahre später der Telefonkonzern: Er komponierte zwar nicht weiter, aber er hängte das Finale aus Schuberts dritter Symphonie an die unvollendete; ein Ersatzfinale sozusagen. Das Publikum war begeistert, und auch der renommierte und gefürchtete Musikkritiker Eduard Hanslick schrieb dazu: »Wir müssen uns mit zwei Sätzen zufriedengeben, die, von Herbeck zu neuem Leben erweckt, auch neues Leben in unsere Concertsäle brachten.« Franz Schuberts Symphonie in h-Moll – oder heute als *Die Unvollendete* bekannt – ist jedem Klassikliebenden ein Begriff, weitaus weniger Menschen aber fragen sich, warum diese Symphonie unvollendet blieb. Dabei war es nicht der frühe Tod Schuberts – er starb 1828 im Alter von nur 31 Jahren –, der die Vollendung verhinderte: Immerhin folgten ja auf die unvollendete siebte Symphonie noch die vollendeten Symphonien Nummer acht und neun. Die ersten fünf waren bereits fertig, da war Schubert gerade einmal neunzehn Jahre alt, also noch ein Teenager. Aber was führte dann dazu, dass die Siebte nie zu einem Abschluss kam?

Schuberts siebte Symphonie entstand ab dem Herbst des Jahres 1822 und hat zwei vollständige Kopfsätze, ein Allegro moderato und ein Andante con moto, für den dritten Satz hat Schubert dann aber nur noch neun der ersten zwanzig Takte instrumentiert. Schubert teilt seinen Freunden, allen voran Josef von Spaun, gerne und regelmäßig mit, woran er gerade komponiert. Im Fall dieser Symphonie aber schreibt er nichts.

»Daß Schubert nicht das geworden ist, was er hätte werden können, d. h. Mozart und Beethoven völlig ebenbürtig, davon trägt er leider zum Theil selbst die Schuld, wenn er nicht arbeitete, im Wirtshaus zu finden vor dem Schoppen, in nächtlichen Orgien. In den Pausen zwischen den sinnlichen Lebensgenüssen warf er dann seine genialen Werke flüchtig hin: kein Wunder, daß man ihnen in Einzelheiten die Art ansieht, wie sie entstanden.« Das meinte jedenfalls der Leipziger Komponist und Musikpädagoge Johann Christian Lobe (1797–1881) einmal.

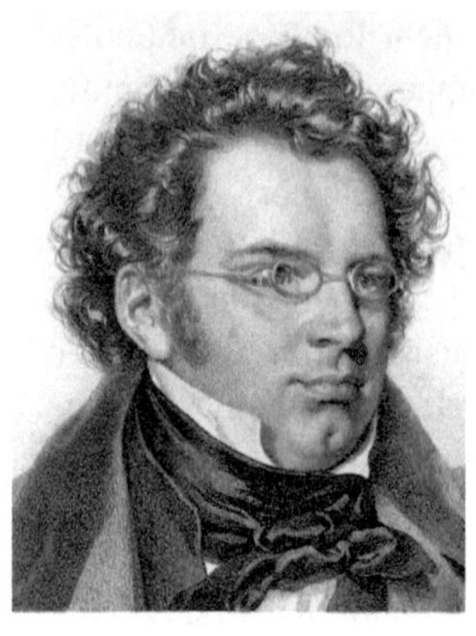

Abb. 3: Ein Schubert-Porträt von Josef Kupelwieser, einem guten Bekannten des Komponisten, aus dem Jahre 1821.

Schubert, der Lebemann, der sich immer wieder Auszeiten gönnte und die Arbeit vernachlässigte? Glaubt man zeitgenössischen Zeugnissen, komponiert er allerdings wie ein Besessener, schont sich dabei kaum, wirkt beim Komponieren wie in Trance. Ob es heiß war oder kalt, Sommer oder Winter, halbdunkel, feucht und ungeheizt – Franz Schubert komponiert und komponiert und komponiert. Er ist dabei eisern und hält einen strikten Zeitplan ein, beginnt für gewöhnlich zwischen sechs und sieben Uhr in der Früh und arbeitet dann in einem Zug fort bis ein oder zwei Uhr nachts. Der Maler und Schubert-Freund Moritz von Schwind berichtet 1824: »Wenn man unter Tags zu ihm kommt, sagt er ›Grüß dich Gott, wie geht's?‹, ›Gut‹ und schreibt weiter, worauf man sich entfernt.« Schubert selbst notiert einmal: »Ich lebe und componiere wie ein Gott, als wenn es so seyn müßte.«

Klingt also nicht nach jemandem, der eine Symphonie nicht zu Ende komponieren würde. Aber natürlich müssen ein Arbeitspensum von durchschnittlich achtzehn, neunzehn Stunden täglich und unsteter Schlaf obendrein ihre Spuren hinterlassen. Denn Schuberts Produktivität ist absolut unfassbar. Er hat wohl fast 30.000 Stunden mit Komponieren zugebracht, selbst beim Schlafen seine Brille getragen, um Einfälle sofort notieren zu können, um ja nicht mühselig erst die Gläser im Dunkeln suchen zu müssen und am Ende vielleicht sogar die geträumte Melodie oder Notenfolge zu vergessen. Wenn er Pausen vom Komponieren macht, dann trifft er zumeist Freunde im Caféhaus, trinkt dann gerne mal einige Tassen schwarzen Kaffee oder zwei, drei Gläser Wein, raucht seine Pfeife und liest Zeitung. Weil er also gern in Gesellschaft ist, ruft er ab 1821 mit seinen Bekannten und einem kleinen Kreis Gleichgesinnter die sogenannten Schubertiaden ins Leben – diese gibt es bis heute. Zu seinen Lebzeiten sind sie eine heitere Mixtur aus Kunstveranstaltung, also Literaturtreffen und Musik, sowie ausufernden Zechgelagen.

Einen angeschlagenen Gesundheitszustand, aber auch eine malträtierte psychische Verfassung könnte er, subtil, in seiner Tagebuchnotiz »Mein Traum« vom 3. Juli 1822 angedeutet haben. Für den Musikwissenschaftler Arnold Schering (1877–1941) ist diese Notiz ein textlicher Teil der *Unvollendeten*. Hier heißt es etwa:

> Ich war ein Bruder vieler Brüder und Schwestern, unser Vater und unsere Mutter waren gut. Ich war allen mit tiefer Liebe zugethan. Einstmahl führte uns der Vater zu einem Lustgelage. Da waren die Brüder sehr fröhlich. Ich aber war traurig. [...] Ich wandte meine Schritte und mit meinem Herz voll unendlicher Liebe für die, welche sie verschmähten, wanderte ich in ferne Gegend. Jahre lang fühlte ich den größten Schmerz und die größte Liebe mich zertheilen. Da kam die Kunde von meiner Mutter Tod. Ich eilte, sie zu sehen, und mein Vater von Trauer erweicht, hinderte meinen Eintritt nicht. Da sah ich ihre Leiche, Thränen entflossen meinen Augen. [...] Von dieser Zeit an blieb ich wieder zu Hause. Da führte mich mein Vater wieder einstmahls in seinen Lieblingsgarten. Er fragte mich, ob er mir gefiele. Doch mir war der Garten ganz widrig und ich getraute mir nichts zu sagen. Da fragte er mich zum zweitenmahl erglühend: ob mir der Garten gefiele? Ich verneinte es zitternd. Da schlug mich mein Vater und ich entfloh. [...] So zertheilte mich die Liebe und der Schmerz. Und einst bekam ich Kunde von einer frommen Jungfrau, die erst gestorben war. [...] Da sehnte ich mich sehr, auch da zu wandeln. Doch nur ein Wunder, sagten die Leute, führt in den Kreis. Ich aber trat langsamen Schrittes, mit innerer Andacht und festem Glauben, mit gesenktem Blicke auf das Grabmahl zu, und ehe ich es wähnte, war ich in dem Kreis, der einen wunderlieblichen Ton von

sich gab; und ich fühlte die ewige Seligkeit wie in einem Augenblick zusammengedrängt. Auch meinen Vater sah ich versöhnt und liebend. Er schloß mich in seine Arme und weinte. Noch mehr aber ich. Franz Schubert.

Es gibt Stimmen in der Schubert-Forschung, die in diesem kleinen Textchen den Hauptgrund erkennen wollen, warum der Komponist seine Symphonie vollkommen beabsichtigt unvollendet ließ, es sei quasi eine Versinnbildlichung seiner eigenen unvollendeten Familiengeschichte, die ihn, den sensiblen Künstler, belastet.

Während Schubert also in depressiver Grundstimmung und gesundheitlich angeschlagen zumeist zu Hause bleibt, finden die Schubertiaden ohne ihn statt. Man spielt seine Lieder, singt dazu und viele meinen, dass er der Veranstaltung nur fernbleibe, weil er gerade wieder bis zum Hals in Arbeit steckt, tatsächlich gibt es aber genau in diesen eineinhalb, zwei Jahren ein merkliches Absinken seiner Produktivität.

Ende des Jahres 1822, im Alter von 25 Jahren, trifft Schubert eine gesundheitliche und soziale Katastrophe. Es ist anzunehmen, dass er an sich Symptome entdeckt, die typisch sind für Syphilis. Er dürfte ein lockeres Leben geführt haben und ja, Schubert war in der Vergangenheit durchaus nicht selten Gast in Wiens Bordellen. Zumeist ist er dort mit seinem guten Freund, dem Librettisten und Dichter Franz von Schober (1796–1882), unterwegs, der sich ebenfalls aller Wahrscheinlichkeit nach mit der Geschlechtskrankheit ansteckt. Schubert ist in den Wiener Bordellen nicht der introvertierte Zeitgenosse, der in Gegenwart von Frauen im Alltag wenig spricht, nein, dort ist er wesentlich offensiver. Von seinen Freunden wurde er mehr oder weniger liebevoll »Schwammerl« genannt, da der Komponist gerade einen Meter 56 maß, und dabei eine recht unsportliche Figur hatte – einen Schwimmreifen, wie man wohl heute dazu sagen würde –, dazu kam eine ausgeprägte Sehschwäche. Allesamt Makel, die es ihm schwermachten, beim weiblichen Geschlecht Eindruck zu schinden, deswegen also die regelmäßigen Besuche bei den »leichten Mädels« der Wiener Vorstadt. Bei manchen Besuchen bringt er ein kleines, rasch komponiertes Liedchen mit, quasi als Bargeldersatz. Anselm Hüttenbrenner beschreibt seinen Freund Schubert später in einem Brief an Franz Liszt so: »Schuberts Äußeres war nicht weniger als auffallend oder einnehmend. Er war kleiner Statur, vollen, runden Angesichts und ziemlich beleibt. Sehr schön gewölbt war seine Stirn. Seiner Kurzsichtigkeit wegen trug er stets Brillen, die er selbst während des Schlafens nicht ablegte.«

Die körperlichen Beschwerden spitzen sich schließlich zu, sodass Schubert Ende 1822 mit einer schweren »venerischen Krankheit«, wie aus einem Brief an Moritz von Schwind hervorgeht, im Spital, dem Wiener Allgemeinen Krankenhaus, liegt. Wegen eines Exanthems, einem großflächigen Hautausschlag, müssen ihm seine Locken abrasiert werden, ein Umstand, der ihm schwer zu schaffen macht. Er trägt nun für einige Monate eine Perücke. Im Krankenhausschlafsaal, den er sich mit Dutzenden anderen Menschen teilt, komponiert er zwanzig Lieder seines Zyklus *Die schöne Müllerin*, aber keinen einzigen Takt mehr von der siebten Symphonie.

Bedingt durch die weiterhin angeschlagene Gesundheit muss Schubert einige Arbeiten unterbrechen, da ihm schlichtweg die Kraft fehlt, diese weiterzuführen. So schreibt er am 23. Februar 1823 an seinen Verleger Ignaz von Mosel, nachdem er sich einige Wochen nicht gemeldet hatte: »Hochwohlgeborener Herr Hofrath! Verzeihen, daß ich schon wieder mit einem Schreiben lästig fallen muß, da meine Gesundheitszustände mir noch immer nicht erlauben, außer Haus zu gehen. Ich habe die Ehre, Euer Hochwohlgeb. nun den 3ten und letzten Akt meiner Oper sammt Ouvertüre zum 1ten Akt zu senden.« Die Oper *Alfonso und Estrella* wird mit diesem Schreiben fertiggestellt, nachdem Schubert bereits seit 1821 daran schrieb. Insgesamt bringt er es auf sechs Opern und zehn Singspiele – eine beeindruckende Bilanz für jemanden, der nur 31 Jahre alt wurde.

Die Oper ist seine große Leidenschaft und er träumt von einem durchschlagenden Erfolg, mit ein Grund, warum er die angefangene Symphonie beiseiteschiebt. Schubert schreibt noch vor seiner Einlieferung ins Krankenhaus, im Herbst 1822, an seinen guten Bekannten Eduard von Bauernfeld (1802–1890), der ihn schon mal gerne spaßeshalber als seinen »dicksten Freund« bezeichnet, dass er sich in einer prekären finanziellen Situation befinde: »Ich kann nirgendwo hinkommen, ich hab gar kein Geld, und es geht mir überhaupt sehr schlecht. Ich mache mir nichts draus und bin lustig. Übrigens komme bald als möglich nach Wien. Weil man von mir eine Oper wünscht ...« Er möchte Bauernfeld als Librettisten, also als Textschreiber für die Oper gewinnen. Gleichzeitig weiß Schubert nicht, ob es seine Gesundheit überhaupt noch erlauben würde, das Stück fertigzustellen. Verzweifelt schreibt er an Schober: »Ob ich je wieder gesund werde, bezweifle ich fast.« Und an seinen Bekannten, den Maler Leopold Kupelwieser (1796–1862), der gerade in Rom weilt: »Mit einem Wort, ich fühle mich als den unglücklichsten, elendsten Menschen der Welt. Denke dir einen Menschen, dessen Gesundheit nie mehr richtig werden will, und der aus Verzweiflung darüber die Sache immer schlechter als besser macht, dessen glänzendste Hoffnungen zu Nichte geworden sind, dem das Glück der Liebe und Freundschaft nichts bieten als höchstens Schmerz.«

Als er an seiner Symphonie Nummer sieben arbeitet, erlebt er also die ersten Anzeichen seiner erschreckenden Krankheit und kommt in das damalig modernste Krankenhaus Europas, das Allgemeine Krankenhaus in Wien mit 2000 Betten, 1784 eröffnet nach nur dreijähriger Bauzeit. Es ist das Herzensprojekt von Kaiser Joseph II. gewesen und tatsächlich ein für damalige Maßstäbe imposantes Stück Architektur. Arme werden unentgeltlich behandelt in Zwanzig-Betten-Sälen. Für Geschlechtskranke gibt es zwei separate Neunzig-Betten-Säle. Und um einen üblen Nachruf zu vermeiden, stand auf dem Eingangsbereich auch nicht das Wort »geschlechtskrank«, sondern »Ausschlagszimmer«. Umgeben von Geschwürskranken (zumeist Lupuskranke), von Hustenden und Klagenden, schreibt Schubert *Die schöne Müllerin*. Er schreibt zumeist dann, wenn der Großteil seiner Zimmernachbarn schläft.

Der Dermatologe Erich Hoffmann, der sich mit der Krankengeschichte Schuberts befasst hatte, schreibt 1949: »Schuberts Erkrankung wird von dem Musikhistoriker L. Schiedermair auf

Grund hinterbliebener, eindeutiger Rezepte bezeugt. Die Verheimlichung der Syphilis unterstützt durch unsere Schweigepflicht, wird mit allen Mitteln geübt; das erschwert den historischen Nachweis ungemein; die Beseitigung von Briefen, Rezepten und anderem Beweismaterial muss aber den Verdacht des Kenners wachrufen.«

Schuberts Ruf als großartiger Komponist ist erst nach seinem Tod entstanden – zu Lebzeiten steht er im Schatten anderer großer Tonkünstler, vor allem in jenem seines Zeitgenossen Beethoven, den er über die Maßen verehrt. In Musikkreisen genießt Franz Schubert jedoch schon Anerkennung als talentierter Liederkomponist, der Gedichte von Goethe, Klopstock, den Schlegel-Brüdern, von Heine, Rückert oder Shakespeare vertont.

Was ihm nach der Zeit im Krankenhaus bleibt, ist eine latente Alkoholsucht, die er, quasi keinen Gasthausbesuch nüchtern erlebend, nie so recht wahrhaben will. Er trinkt, weil es in lockerer macht, aber auch, um die Alterssorgen loszuwerden. Es könnte also durchaus sein, dass Schubert selbst – als sein größter Kritiker, der sich bis aufs Äußerste schindet, bis ihm eine Passage erst richtig gefällt – die Sätze drei und vier seiner siebten Symphonie vernichtet hat oder sie deshalb absichtlich unvollendet ließ, weil das Unvollkommene in der Epoche der Romantik ein sehr beliebtes Stilmittel war. Dies ist aber wohl, wenn man Schuberts Hang zum Perfektionismus kennt, unwahrscheinlich.

Eine andere Theorie kursiert ebenfalls seit Jahrzehnten. Schubert könnte die Arbeit auch abgebrochen haben, weil er während des Schreibens am dritten Satz die musikalische Nähe zu Beethovens zweiter Symphonie bemerkt habe, die zweifelsohne vorhanden ist. Beethoven ist für ihn eine Lichtgestalt, allerdings wäre Schubert vielleicht Gefahr gelaufen, dass die Ähnlichkeiten der beiden Kompositionen mehr als Kopie denn als Ehrerbietung verstanden worden wären. So bekundet er bereits 1810, als Konviktschüler, seinem guten Freund Joseph von Spaun (1788–1865): »Zuweilen glaube ich wohl im Stillen, daß etwas aus mir werden könne – aber wer vermag nach

Beethoven noch etwas zu machen!« Und Franz Schubert ist ein bescheidener Zeitgenosse, der völlig ohne zahlungskräftige Gönner und Förderer auskommt, gegenüber Spaun sagt er sogar einmal, dass er es gewohnt sei »übersehen zu werden« und ihm dies »sogar recht lieb« sei, da er sich dadurch »weniger beengt« fühle. Also bedarf es vielleicht auch keiner Symphonie, die an den großen Zeitgenossen Beethoven erinnert und vielleicht die Öffentlichkeit aufgerührt hätte? – Möglich, aber auch nicht bewiesen.

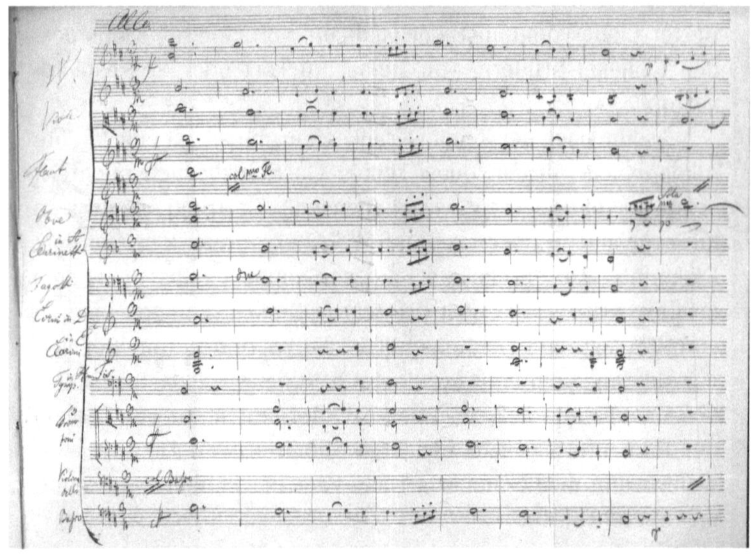

Abb. 4: Auszug aus Schuberts *Unvollendeter*.

Zu Beginn des Jahres 1825 passiert etwas, das wohl vor allem Franz Schubert am wenigsten erwartet hätte: Es geht ihm gesundheitlich gut. Die Syphilis ist überstanden und auch sonst gibt es keinerlei Beschwerden. Am 25. Juli 1825 schreibt er an seine Eltern: »Sehr freut mich das allseitige Wohlbefinden, zu dem ich – der Allmächtige sei gepriesen – auch das Meinige hinzufügen kann.«

In den folgenden beiden Jahren entstehen nun hunderte weitere Musikstücke, etwa das Streichquartett *Der Tod und das Mädchen* und Symphonien, nachdem er seine alte und gewohnte Produktivität wiedergefunden hat. Was er aber nach wie vor nicht hat, ist Geld. Zwischenzeitlich kann er sich noch nicht einmal die Miete für ein Klavier leisten und muss zu Bekannten gehen, um dort vier, fünf Stunden täglich zu komponieren.

Als er im Frühjahr 1827 vom Tod Beethovens erfährt, ist er schockiert und meldet sich sogleich als einer der 38 Fackelträger, die den Sarg zum Währinger Friedhof begleiten. Er steht unweit von dem Dramatiker Franz Grillparzer (1791–1872), als dieser die Grabrede hält. Nach der Beerdigung gehen Schubert und seine Freunde ins Gasthaus Zur Mehlgrube und erheben »auf das Andenken unseres unsterblichen Beethoven!« die Gläser. Danach werden die Gläser nochmals gefüllt und dieses Mal trinkt man auf denjenigen, »der unserem Beethoven« als Erster »nachfolgen wird!«. Es wird Schubert sein, nur ein Jahr später, und auch er wird, unweit von Beethoven, auf dem Währinger Friedhof seine letzte Ruhe finden.

Was allerdings den frühen Tod Schuberts verursachte, darüber ist sich die Forschung bis heute uneins. Am 17. November 1828 ist dem Komponisten allgemein sehr unwohl. Seine Freunde Bauernfeld und Lachner kommen. »Schubert lag hart darnieder, klagte über Schwäche, Hitze im Kopf, doch war er noch des Nachmittags vollkommen bei sich, ohne Anzeichen des Irreredens.« In der Nacht aber befindet er sich schon im Delirium. Der Arzt wird gerufen und beobachtet ihn in den Folgestunden. Als er tags darauf das Bett verlassen will, hat er keinerlei Orientierung mehr. Er ruft: »Nein, ist nicht wahr; hier liegt Beethoven nicht!«, dann soll er seinem Arzt in die Augen geblickt und ergänzt haben: »Hier ist mein Ende!«

Um 15 Uhr am 19. November stirbt er, nachdem er zuvor erneut in den Fieberwahn gefallen war und das Bewusstsein nicht mehr wiedererlangt hat. Nach seinem Tod gibt es eine Eintragung im Familienverzeichnis des Vaters: »Franz Peter ... + Mittwoch, den 19. November 1828, nachmittags 3 Uhr (am Nervenfieber), begraben Samstag, 23. November 1828.« Die

Totenfeier findet am 23. Dezember 1828 in der Augustiner Hof- und Pfarrkirche in Wien statt.

Als Nervenfieber wird übrigens damals vieles bezeichnet – das konnte Typhus, aber auch Fieberwahn bedeuten. Seine frühere Syphiliserkrankung muss nicht in direktem Zusammenhang mit seinem Tod stehen. Vermutet wird heute eher, dass der Komponist am Bauchtyphus stirbt – einer akuten Infektionskrankheit, vor allem durch Salmonellen hervorgerufen. Ist das Bakterium einmal im Körper, verursacht es Fieberschübe, Durchfall, Mattheit, Schlafstörungen, Kopfschmerzen, bis hin zu hohem Fieber, eine Milzvergrößerung, in schlimmsten Fällen auch eine Bauchfellentzündung, ja sogar eine Herzmuskelentzündung oder Nierenversagen. Was heutzutage dank der vorherrschenden Hygiene kein Problem mehr darstellt, und wenn, dann nur einen milden Verlauf hat (eine Salmonellenvergiftung hatten schon viele Menschen), ist im 19. Jahrhundert eine schwere Krankheit. Was in jedem Fall für eine plötzliche Erkrankung Schuberts spricht, ist, dass er den überwiegenden Teil des Todesjahres 1828 voller Energie und Elan komponierte und sich gesundheitlich vollkommen erholt zeigt. Seinen fitten Zustand erwähnt er einige Male im Beisein von Freunden.

Die Klavierskizzen der Symphonie gehen nach Franz Schuberts Tod an seinen Bruder Ferdinand und nach dessen Tod 1859 in den Besitz des Wiener Autographensammlers Nicolaus Dumba. Die Partitur der Symphonie kommt auf unbekanntem Weg in den Besitz der Schubert nahestehenden Brüder Anselm und Josef Hüttenbrenner. Anselm ist zunächst Sekretär, ab 1824 auch Direktor des Steiermärkischen Musikvereins in Graz. Josef fungiert um 1822/23 als eine Art Sekretär für Franz Schubert, kümmert sich vor allem um dessen Finanzen, denn vom Geldverwalten hat der Komponist nur wenig Ahnung.

Sein erstes eigenes Konzert gibt Franz Schubert übrigens erst acht Monate vor seinem Tod. Als er stirbt, nimmt die Klassikwelt wenig Notiz davon. Erst der Komponist und Musikkritiker Robert Schumann sorgt durch die Werkförderung dafür, dass Schubert – gut zehn Jahre nach seinem Tod – den Menschen wieder ins Gedächtnis gerufen wird und nun auch dort bleibt.

Im neunzehnten Jahrhundert suchte der eingangs erwähnte Johann von Herbeck unermüdlich nach Schubert-Autographen und findet diese schließlich bei dem Komponisten und Schubert-Freund Anselm Hüttenbrenner, der in den Besitz der »Halbsinfonie« gelangte und sie vierzig Jahre lang unter Verschluss hielt. Hüttenbrenner wird nun vom berüchtigten Musikkritiker Eduard Hanslick vorgeworfen, »vor lauter Freundschaft für den Verewigten und lauter Verachtung der Lebenden« die Komposition der Nachwelt vorenthalten zu haben. Hüttenbrenner verteidigt sich und verweist darauf, dass es sich eben nur um ein Fragment handele und um keine fertige Symphonie. 1867 erhält die schubertsche Symphonie in h-Moll vom Wiener Musikverlag Carl und Anton Spina erstmals die heute bekannte Bezeichnung *Unvollendete*.

Beendet wird die Symphonie noch weit vor der künstlichen Intelligenz von einer weiteren Partei – jedenfalls ruft die britische Columbia Graphophone Company 1928, anlässlich des hundertsten Todesjahres von Schubert dazu auf, die *Unvollendete* zu vervollständigen. Der Pianist Frank Merrick gewinnt die Ausschreibung und ergänzt das Scherzo und das Finale des dritten Satzes. Im Rahmen einer Radiosendung wird das Ganze aufgezeichnet, aber es bleibt eine nette Anekdote, die heute so gut wie vergessen ist, weil Merricks Qualität natürlich nicht an jene Schuberts heranreicht. Und auch einige weitere Male seither wurde versucht, die Symphonie zu einem würdigen Ende zu bringen; freilich konnte sich keiner dieser Versuche im öffentlichen Gedächtnis verankern. Manchmal soll etwas Unvollendetes wohl einfach nicht beendet werden.

3

Die Neunte des Anton Bruckner

Steckbrief

Werk: Neunte Symphonie
Jahr der Unvollendung: 1896
Urheber: Anton Bruckner (1824–1896)

Einem Bekannten vertraut der Komponist Anton Bruckner an: »Ich mag die Neunte gar nicht anfangen, ich trau mich nicht.« Solch eine Angst hat er, auch aufgrund seines Zählzwangs. Neun. So eine entsetzlich ungerade Nummer. Dennoch, schließlich entscheidet Bruckner sich dafür, sie anzugehen, auch, weil er diese Symphonie als höhere Bestimmung ansieht. Eine Symphonie, in der er noch einmal auf sein gesamtes Repertoire zurückgreifen möchte.

Aber es ist ein Wettlauf gegen die Zeit. Anton Bruckners Gesundheit ist schon stark angegriffen, doch diese letzte Symphonie, die er da komponiert, liegt sowieso nicht mehr in seiner Hand, sondern schon längst in jener Gottes, das jedenfalls meint der tiefreligiöse Musiker. Anton Bruckner widmet sie deshalb auch »dem lieben Gott«. Seine vierte Symphonie war König Ludwig II. von Bayern gewidmet, die achte Kaiser Franz Joseph von Österreich.

Das Kompositionszimmer Bruckners ist spartanisch eingerichtet. Ein Tisch, ein Sessel, ein Bett in der Ecke. Das ist es. Nichts soll ihn ablenken. Anton Bruckner, der Mann, der an so vielen Ticks, Spleens und Neurosen leidet, möchte sich vollkommen auf die Partitur konzentrieren, ohne in seinen alten Zählzwang zu verfallen. Er komponiert langsam, weswegen jede seiner Symphonien eine halbe Ewigkeit braucht, um beendet zu werden. Er ist kein Mozart, der mit dreißig schon 38 Symphonien komponiert hatte. Nein, das ist er wahrlich nicht. Er müht sich mit seinen siebzig Jahren erst an der neunten ab. Und er weiß, dass es seine letzte wird. Bis heute ist nicht klar, ob Bruckner seinen symphonischen Abschluss, die Symphonie Nummer neun in d-Moll, nicht sogar unvollendet lassen *wollte*. Aber dazu später.

Man muss hier anmerken, dass Bruckner ein spät berufener Symphoniker ist. Bis etwa zu seinem vierzigsten Geburtstag ist sein musikalisches Schaffen vor allem auf Kirchenmusik ausgelegt. Und Anton Bruckner ist ein Komponist, der auch für seine Zeitgenossen ein Rätsel darstellt. Er ist mehr Prediger als Symphoniker, er ist nicht wortgewandt, ist keine Kämpfernatur, wenig charismatisch, kleingewachsen, menschenscheu und übergewichtig, alles andere als ein Kosmopolit, er wirkt einfältig und, ja, fast bäuerlich, wenn man ihn nicht kennt; und er ist, wie erwähnt, tief religiös. Als die Musikwelt auf ihn aufmerksam wird, ist er schon fast fünfzig Jahre alt.

Der spätere renommierte Dirigent Werner Wolff ist sieben Jahre alt, als er Bruckner 1890 einmal persönlich begegnet. Er erinnert sich Jahrzehnte später an diese Begegnung: »Sein kurzer schwarzer Rock und die übermäßig weiten Hosen erinnerten an Bauern, wie man sie in den Alpen sah. Als die Schwester kam, fiel er ihr zu Füßen und sagte in echtem Dialekt: ›Jessas, das gnädige Fräulein!‹ Beim Mittagessen nahm er dann den Fisch in die Finger und brach die Gräte mit den Händen entzwei ...« Das sind nicht die Gepflogenheiten, die man von einem Maestro erwarten würde, und so bleibt Bruckner Außenseiter in der Musikwelt. Er hat ein seltsam ungesundes Verhältnis zum Tod, richtet etwa an die Behörde die Bitte, den Totenkopf seines Musikerziehers J. B. Weiß besitzen zu dürfen – was ihm gestattet wird –, schreibt seinem Freund Weinwurm 1868 nach der Überführung des Kaisers Maximilian von Mexiko nach Österreich, »ob der Leichnam zu sehen sein wird, also offen im Sarg durch Glas ... lass' es mir dann gütigst telegrafisch anzeigen, damit ich nicht zu spät komme«, und sammelt über Jahre minutiös Zeitungsberichte über Morde und Hinrichtungen und spaziert am liebsten, Inspiration suchend, am Friedhof herum. Anton Bruckner ist kurzum ein Charakter, der die Einsamkeit und die Eigenwilligkeit vorzieht. Er sucht die Nische, in die er passen könnte. Er hat wenig Mut zum Risiko, dieser Umstand steht ihm im Wege. Nur kurz trägt er sich 1864 mit dem Gedanken, selbst nach Mexiko zu ziehen und dort – drei Jahre vor der Hinrichtung von Maximilian I. – Mitglied der Hofkapelle des Habsburger Kaisers von Mexiko zu werden – wenn man an das Ende Maximilians und seines Bruders Kaiser Franz Josephs, erschossen von Partisanen, denkt, eine gute Entscheidung, es nicht getan zu haben. Aber Bruckner ist in St. Florian bei Linz nicht mehr glücklich. Er ist zwar als Organist in der Gegend bekannt und durchaus anerkannt, aber mehr auch nicht. Er möchte seinem großen Vorbild Richard Wagner nacheifern, den er für den genialsten Komponisten schlechthin hält. Im Frühjahr 1866 beendet er die Arbeit an seiner ersten Symphonie in c-Moll, wobei er die Symphonie in f-Moll bereits 1863 komponiert, dieses Werk aber annulliert.

»Was ich unter Melancholie verstand – ich drückte mich nur schlecht aus – es ist zum Teil größere Feindschaft gegen die Menschheit, deren Liebenswürdigkeit, Aufrichtigkeit und Treue gewiss auch ich bisher genug so oft empfinden musste und noch empfinden muss«, schreibt er sarkastisch in einem Brief an Rudolf Weinwurm, einen der wenigen, denen er sich anvertraut.

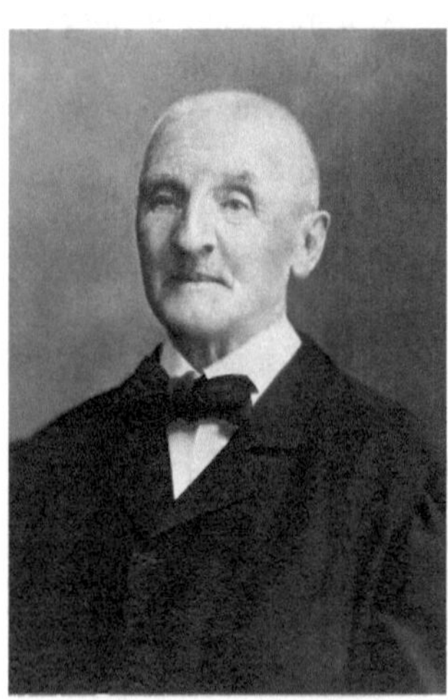

Abb. 5: Ein Bruckner-Porträt von Hermann von Kaulbach aus dem Jahre 1885.

Die Vereinsamung, die Bruckner auch teilweise selbst so gewählt hat, schlägt sich doch irgendwann auch psychisch nieder. Immer wieder stellen sich furchtbare Kopfschmerzen ein – so stark, dass an Komponieren nicht gedacht werden kann, und dann tritt sein krankhafter Zählzwang auf, der ihn einfach von jeglicher kreativer Arbeit abhält. Er zählt alles: die Sterne am nächtlichen Himmel, die Steine des Kopfsteinpflasters auf der Straße, die Löcher in Wänden, und dann überkommt ihn das schlechte Gewissen, weil er ja doch eigentlich arbeiten sollte oder weil seine Gedanken unkeusch sind, also wird der Rosenkranz gebetet, aber nicht einmal, nein, zigmal.

Vom 8. Mai bis zum 8. August 1867 unterzieht der Komponist sich einer Kaltwasserbehandlung in Bad Kreuzen. Er ist physisch wie psychisch am Ende. Als dort an einem Tag böhmische Musikanten für die Patientinnen und Patienten aufspielen, hört Bruckner anfangs bewegt zu, steht dann aber wortlos auf und läuft davon. Das Anstaltspersonal sucht ihn über Stunden und findet ihn schließlich in der abschüssigen und schwer zugänglichen Wolfsschlucht, auf einem Baumstupf sitzend und herzzerreißend weinend. Um Bruckner aus der misslichen Lage, denn er kann nicht selbst hochklettern, zu befreien, rückt die gesamte Belegschaft der Anstalt aus. Er kann nicht sagen, wie er überhaupt in diese Situation geraten konnte. Und er ist hochemotional: Immer wieder wird er von Heulkrämpfen gebeutelt. Der Zustand Bruckners wird mit einiger Besorgnis beobachtet. Man unterzieht ihn einer Intensivbehandlung. Fußbäder, Brunnenkuren, viel Ruhe von früh bis abends und ja keine Arbeit oder irgendeine Form von Stress. Er schreibt, recht (selbst)ironisch an Weinwurm: »Dr. Fadinger in Linz kündigte mir den Irrsinn als mögliche Folge schon an. Gott sei's gedankt. Er hat mich noch errettet. Seit einigen Wochen geht's mir etwas besser. Darf noch gar nichts spielen, studieren oder arbeiten. Denke dir welch ein Schicksal! Ich bin ein armer Kerl!«

Gleichzeitig muss Bruckner, einem inneren Trieb folgend und entgegen der Anweisung, fortwährend arbeiten, ist krankhaft ruhelos, auch, weil er ständig in finanziellen Nöten ist, denn anders als andere Komponisten kann er nicht oder nicht allzu gut von der Kunst leben. Diese Ruhelosigkeit kann er nicht einfach so abstellen. Aber er tritt auf Rat der Ärzteschaft, zähneknirschend, kürzer. Als sein Mentor, der Musiktheoretiker Simon Sechter, bei dem er Kontrapunkt studierte, im Herbst 1867 stirbt, überreden Freunde Anton Bruckner, sich als dessen Nachfolger als Lehrer am Wiener Konservatorium zu bewerben. Bruckner zögert lange. Er fühlt sich der Aufgabe nicht gewachsen, hadert, macht sich gleichzeitig Vorwürfe, dass er zaudert, aber schließlich wagt er es doch und zieht in die österreichische Hauptstadt.

Der Tratsch und Klatsch, den man dort über den Sonderling zu berichten weiß, findet aufgrund seines kuriosen Auftretens in der Gesellschaft immer neues Futter: Wenn Bruckner etwa wieder einmal Ausschau nach einer potenziellen Ehefrau hält. Er fragt oder lieber noch schreibt dabei vorzugsweise Frauen zwischen vierzehn und zwanzig an, da es dem 43-jährigen Christen Bruckner wichtig ist, dass seine Zukünftige Jungfrau sein sollte, und bekommt ein ums andere Mal eine Abfuhr. Zumeist gibt es gar keine Antwort oder er hört: »Herr Bruckner, Sie sind ja viel zu alt!« Bruckner beschleicht außerhalb seiner Arbeitsräume eine seltsame Weltfremde. Und obwohl er insgeheim weiß, dass er als ewiger Junggeselle sterben würde, jagt er seinem Idealbild von einer heilen Familie hinterher.

Nach der katastrophalen Uraufführung der dritten Symphonie, 1877, die traumatisch für Bruckner war, weil sie bei Publikum und Kritik sämtlich durchgefallen war, gab es namhafte Musikpersönlichkeiten, die den Komponisten und sein Werk sogar kategorisch ablehnten. Hans von Bülow war der Meinung, dass Anton Bruckner ein »Querkopf« sei und nur »antimusikalischen Blödsinn« verzapfe. Aber Blödsinn hin oder her, der Ruf Bruckners als ausgezeichneter Symphoniker festigte sich, vor allem ab den 1880er Jahren.

Bereits im Herbst 1887, also unmittelbar nach der Beendigung seiner Achten, beginnt Anton Bruckner mit Skizzen zu seiner nächsten Symphonie, seiner letzten, eben der Göttlichen. Er erzählt einem Freund: »Ich widme mein letztes Werk dem Herrn, meinem Gott. Ich hoffe, er wird mir genügend Zeit geben, um es zu vollenden.«

Er komponiert langsam, wie er es immer tut. Sieben Jahre dauert es, bis das Adagio steht, man schreibt Herbst 1894. Die letzten Jahre widmet sich der Komponist lieber geistlichen Vokalwerken, etwa dem *150. Psalm.* Er findet schlichtweg keine Zeit, um wieder zur Symphonie zurückzukehren, und so bleibt diese erstmal liegen. Der Meister denkt nach dem Motto:

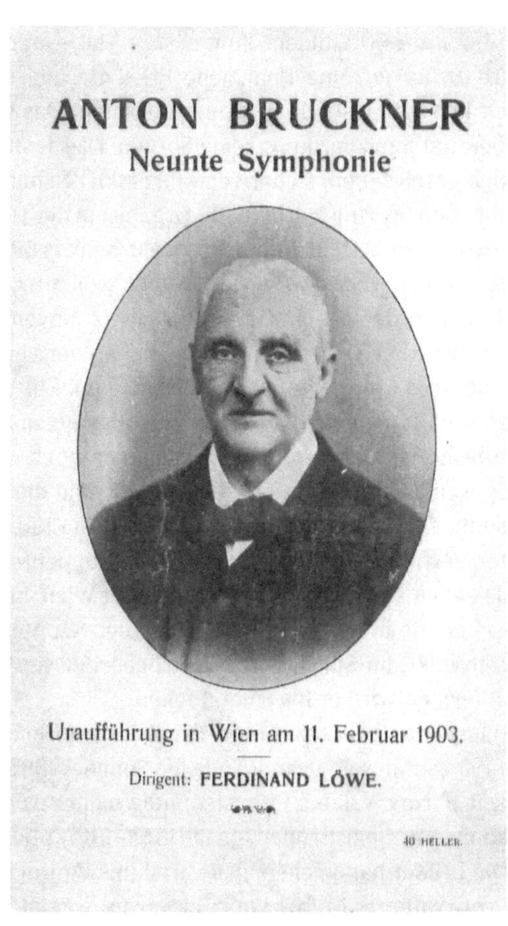

Abb. 6: Programmheft der Uraufführung von Bruckners neunter Symphonie, 1903.

»Aufgehoben ist nicht aufgeschoben!« Allerdings schwinden die Kräfte Bruckners zunehmend. Schon im Sommer 1890 lässt er sich vom Konservatorium beurlauben. Die Gesundheit ist zu fragil geworden. Das frisch gebildete Oberösterreichische Consortium richtet für ihn aus Stiftungen eine Alterspension ein und gewährt ihm Anfang 1891 sogar die endgültige Pension. Der oberösterreichische Landtag bewilligt zudem eine Zusatzpension in der Höhe von 600 Gulden. Zum ersten Mal – und das mit 67 – spürt Bruckner eine finanzielle Erleichterung. Andererseits spielt ihm die Gesundheit immer übler mit. Das langsame Sterben bereitet ihm allerdings keine Sorgen. Das Testament ist schon lange geschrieben, sicher verwahrt in der Schublade.

Er bleibt noch bis zum Herbst 1892 Organist in der Hofkapelle bei Linz, wobei die Arbeit ihm schon sehr schwerfällt, da die Beine einfach nicht mehr so wollen, wie er wollen würde, und kurz nach seinem siebzigsten Geburtstag am 12. November 1894 hält Anton Bruckner seine letzte Vorlesung an der Universität. Er muss die Arbeit an der Alma Mater beenden. Ein Umstand, der ihm zu schaffen macht, weil er gerne Vorlesungen hält, aber zu seinen bisherigen Leiden hat sich nun auch noch eine Wassersucht gesellt. Atemnot und Bettlägerigkeit sind die Folge. Er scherzt dennoch: »Lieber Wasser im Bauch als im Kopf!« Kurze Zeit später erkrankt er auch noch an einer Rippenfellentzündung und liegt einsam, fern von der Großstadt Wien, im oberösterreichischen Steyr. Die ersten drei Sätze der Neunten sind zu diesem Zeitpunkt, im Spätherbst 1894 abgeschlossen, am letzten Satz hingegen wird er bis zuletzt feilen.

Seine Gesundheit fesselt Anton Bruckner nun immer öfter und immer länger an seine vier Wände. Im Sommer 1895 schreibt er: »Bin seit 11. Nov. v. J. bis Pfingstsonntag nicht aus der Wohnung gekommen.« Sein Bruder Ignaz (1833–1913) pflegt ihn zu Beginn. Die Brüder haben ein enges Verhältnis, Anton ist immer eine Art von Vaterersatz für Ignaz gewesen, war dieser doch erst vier, als Anton Bruckner senior verstarb, und Ignaz ist ähnlich wie Anton Bruckner einer, der es in der Gesellschaft schwer hat. Schüchtern, mit schiefem Nasenbein von einem Unfall, den er als Jugendlicher hatte, ein schweres Augenleiden obendrein –, er sieht nur, wenn er sich Dinge wenige Zentimeter vor die Augen hält –, gebückte Haltung und Konversation treiben mit anderen, das ist der pure Graus für ihn. Anfangs ist er Gärtnergehilfe, dann Balgenträger in St. Florian. Lange Jahre muss er im Kloster leben, weil er sich eine Wohnung nicht leisten kann. Nun lebt er also bei seinem Bruder. Eine Männerwirtschaft.

November 1894 bis Pfingstsonntag 1895, der fällt auf einen 2. Juni, ist Bruckner also mehr oder weniger darniedergelegen – es wird vermutet, dass er in diesen Monaten durchaus versuchte, an der Neunten weiterzuarbeiten, aber er muss sich die Kräfte gut einteilen, denn sie verlassen ihn rasch. Wenn Gäste oder besser gesagt Krankenbesuche kommen, dann lässt es sich der Komponist dennoch nicht nehmen, das Bett zu verlassen, das Krankengewand abzulegen und den Besuch stehend und in angemessener Kleidung zu empfangen. Bruckner findet zwar die Zeit zu komponieren, aber, wie schon erwähnt, begrenzt. Es ist schwierig für ihn. Die Konzentration lässt rasch nach und die Lunge schmerzt, der Kreislauf spielt ihm übel mit. Eine Stunde Klavier heißt anschließend drei Stunden Liegen und Rasten. Man wird das Gefühl nicht los, dass er mit seinem Gesamtwerk abgeschlossen hat, dass er seine Göttliche Symphonie gar nicht mehr beenden kann oder gar will, jedenfalls hätte es einen Gewaltakt benötigt, um das zu tun. Nein, stattdessen bereitet sich der Komponist langsam auf den persönlichen letzten Akt vor.

Kaiser Franz Joseph, der den Musiker recht schätzt, verfügt im Frühjahr 1895, dass Anton Bruckner eine mietfreie Unterkunft im Schloss Belvedere beziehen kann. Von einem Nebenbau, dem sogenannten Kustodenstöckl, hat er einen ebenerdigen Zugang zum wunderschönen Park, eine Erleichterung für den mittlerweile gehschwachen Komponisten.

Am 11. Oktober 1896 sitzt er wie immer, wenn es die angeschlagene Gesundheit erlaubt, am Klavier, ein Bild der Mutter auf dem Instrument. Er atmet schwer, aber er hat eiserne Disziplin. Und ja, er soll tatsächlich auch noch an der Neunten komponiert haben. Es ist ein Sonntag, das Wetter wolkenverhangen. Nach etwa drei Stunden verlangt er einen heißen Tee, weil ihm plötzlich ganz kalt wird. Seine langjährige Haushälterin, Katharina Kachlmayr serviert ihn ihm. Er trinkt den Tee, hastig, dann steht er auf und geht zum Bett. Er legt sich hin, auf die Herzseite, atmet schwach, atmet schwächer und schließlich nicht mehr. Anton Bruckner ist tot.

Das, was Bruckner hinterlassen hat, ist eine beeindruckende unvollendete Symphonie. Der vierte Satz endet vor dem Schluss der Symphonie, der sogenannten Coda. 172 Takte sind vollständig, über 200 Takte sind teilweise instrumentiert. Allerdings weist die Partitur heute Lücken auf, da nach dem Tod Bruckners originale Notenblätter von ihm zu einem beliebten Sammlerobjekt unter Bewunderern und Schülern von ihm wurden. Auf diese Weise bleibt seit 1896 vieles verschollen. Der Bruckner-Schüler Joseph Schalk soll im Besitz eines Skizzenblattes gewesen sein, auf dem das geplante Symphoniefinale gewesen sein soll. Es wird 1911 vom Bruckner-Forscher Max Auer entdeckt, gilt heute aber ebenfalls als verschollen. Der Musikwissenschaftler schreibt über die Neunte Bruckners, überaus poetisch, dass sie »die Qual der in den Abgrund der Ewigkeit hinabschauenden Seele, die Entzückungen durch göttlichen Anhauch verursacht«, aber auch den nackten »Schrecken und die gähnende Leere des menschlichen Gemüts im Zwiespalt des Zweifels« zeige. Und das spiegelt vielleicht auch genau das wider, was ihr Komponist ausdrücken wollte.

4

Mahler und die Zehnte

Steckbrief

Werk: Zehnte Symphonie
Jahr der Unvollendung: 1911
Urheber: Gustav Mahler (1860–1911)

Erst über zehn Jahre nach dem Tod ihres Mannes Gustav Mahler (1860–1911) veröffentlichte seine Witwe Alma Mahler dessen zehnte Symphonie als Faksimile. Böse Zungen behaupten, sie tat dies, weil sie, gerade etwas knapper bei Kasse, finanziell daraus Kapital schlagen wolle. Es ist unklar, was wirklich ihre Beweggründe waren. Fest steht aber schon, dass Mahlers Witwe alles andere als einen bescheidenen Lebensstil führte. Sie war gern gesehener Gast bei Events der High Society dieser Zeit und präsentierte sich gerne in den neuesten, kostspieligen Modetrends. Die Symphonie aber, ist jedenfalls für alle Musikbegeisterten ein Objekt der Begierde. Der Komponist Ernst Krenek, ein ehemaliger Schüler Mahlers, bearbeitet einige Jahre nach dessen Tod den ersten Satz, das Adagio und den dritten, das Purgatorio der unvollendeten Symphonie, und in dieser Version erlebt sie am 24.Oktober 1924 ihre Uraufführung.

Als Kind wird Gustav Mahler einmal gefragt, was er einmal werden wolle. Der Zehnjährige antwortet damals: »Märtyrer!« In gewisser Weise wurde er das auch. Er ist später ein schmächtiger, blasser, kränklich wirkender Mann, der tobt, als wäre er von der Tarantel gestochen worden. Gustav Mahler ist kein zimperlicher Zeitgenosse. Wenn ihm bei einer Orchesterprobe etwas nicht passt, dann übt er Kritik und diese übt er am liebsten schreiend, stampfend und beleidigend. Er ist ein Perfektionist. Und wenn Fehler gemacht werden, dann nimmt er sie persönlich.

Bruno Walter, der als junger Dirigent Mahler hautnah erlebt, erinnert sich später, dass die Musiker den Komponisten oft »Diktator« nannten. Nervös kaut Mahler Fingernägel, hat auch andere Ticks – und er klagt regelmäßig über Migräne. Seine spätere Witwe Alma Mahler meint rückblickend: »Mahler war immer krank – ich kannte ihn nicht anders.«

Während er also am Dirigentenpult alles im Griff haben möchte, hat er seine eigene Gesundheit weitaus weniger unter Kontrolle. Seit frühester Jugend leidet er an Kopfschmerzen, an Magenkrämpfen und blutenden Hämorrhoiden, auch chronische Halsentzündungen, die manchmal so schmerzhaft sind, dass er Essen nur in Breiform zu sich nehmen kann, plagen ihn immer wieder.

Geboren wird Gustav Mahler in bescheidene Verhältnisse, 1860, als Sohn eines jüdischen Kleinhändlers im Grenzgebiet Böhmens mit Mähren. Er hat elf Geschwister, aber nur er und vier seiner Geschwister erreichen das Erwachsenenalter. Mit neunzehn Jahren startet Mahler seine Laufbahn als Theater- und Hofkapellmeister, die ihn nach Laibach, Olmütz, Kassel, Prag, Leipzig, Budapest und Hamburg führt. Gustav Mahler war das, was man gut und gerne als musikalisches Wunderkind bezeichnen kann. Mit drei Jahren spielt er schon Akkordeon, kein Jahr später versucht er sich am Klavier. Für beides bringt er außerordentlich viel Talent mit und mit sechs Jahren ist er schon so gut, dass er selbst Unterricht gibt. Kein Wunder also, dass er mit fünfzehn Jahren das Wiener Konservatorium besuchte und das Kompositionsstudium 1878 achtzehnjährig abschließt. Den Höhepunkt seiner Karriere erlebt Mahler, als er mit 36 an die Wiener Hofoper bestellt wird. Aber schon stellen sich wieder gesundheitliche Probleme ein. Fast verblutet Mahler im Februar 1901 wegen seiner Hämorrhoiden. Der renommierte Wiener Chirurg Julius Hochenegg exzidiert sie und rettet ihm somit das Leben.

Mahler ist lärmempfindlich und als Lärm empfindet er manchmal auch Musik, vor allem von Komponisten, die er wenig schätzt. Auf die Musik seines Zunftkollegen Claude Debussy (1862–1918) angesprochen, sagt er etwa einmal: »Sie stört nicht«, was vermutlich schon einer Adelung gleichkommt. Wenn er sich aber lärmbelästigt fühlt, dann wird er ausfallend, fuchsteufelswild und tobend.

Im November 1901 lernt er dann die junge Alma Schindler (1879–1964) kennen, eine talentierte Musikerin, die auch komponiert, und zwar im Haus ihrer guten Freundin, der Salondame Berta Zuckerkandl, die regen Kontakt zur österreichischen Kunst- und Musikszene dieser Zeit hat. Er ist seit gut vier Jahren Direktor der Wiener Hofoper und damit eine der wichtigsten musikalischen Persönlichkeiten im Land. Gustav Mahler ist sofort hin und weg von der attraktiven Alma und möchte sie gleich tags darauf wiedersehen, und weil er ein Mann der Tat ist, hält er bereits vier Wochen nach dem ersten Treffen, wir schreiben den 28. November, um ihre Hand an. Alma Schindler erbittet sich Bedenkzeit. Im Hause Schindler sind beide Eltern entschieden gegen diese Beziehung. Erstens ist Mahler fast zwanzig Jahre älter, zweitens, so schreiben es jedenfalls einige Klatschblätter im Lande, soll er so gut wie gar kein Geld mehr besitzen und obendrein unheilbar krank sein, und dann kommt noch seine jüdische Herkunft dazu.

Über die erste Begegnung mit Mahler meint Alma rückblickend einmal, dass er »weiß im Gesicht« gewesen sei, aber seine Augen so dunkel wie »Kohlen« waren. Allerdings ist Alma auch damals schon kein Kind von Traurigkeit und sie hat einen Hang zu berühmten Männern. Als Neunzehnjährige hatte sie eine kurze, intensive Affäre mit Gustav Klimt (1862–1918) und gegenwärtig befindet sie sich in einer Beziehung mit dem aufstrebenden Komponisten Alexander Zemlinsky (1872–1942), allerdings sind sich die beiden schon recht überdrüssig, sodass Mahler also gute Chancen hat. Sie serviert Zemlinsky ab, der daraufhin keinen Kontakt mehr zu ihr wünscht, und verlobt sich am 23. Dezember tatsächlich mit Gustav Mahler. Dieser schreibt ihr in einem zwanzigseitigen Brief, dass er, sobald die beiden einmal verheiratet sind, möchte, dass Alma das Komponieren bleiben lasse, da so etwas für eine Frau einfach unvereinbar sei mit einer Ehe. Mahler fürchtet ein ständiges Rivalisieren und denkt, dass die Öffentlichkeit ein komponierendes

Ehepaar sowieso nicht ernst nehmen würde. Alma Schindler ist irritiert. In ihrem Tagebuch vermerkt sie: »Er hält von meiner Kunst gar nichts – von seiner viel – ich halte von seiner Kunst gar nichts und von meiner viel. So ist es! Nun spricht er fortwährend von dem Behüten seiner Kunst. Das kann ich nicht. Bei Zemlinsky wär's gegangen, denn dessen Kunst empfinde ich mit – das ist ein genialer Kerl.« Alles andere als gute Voraussetzungen: Der Ex-Freund wird gelobt und der zukünftige Ehemann verrissen. Dennoch heiraten Gustav Mahler und Alma Schindler am 9. März 1902 in der Wiener Karlskirche unter regem öffentlichem Interesse. Gustav Mahlers Kollege an der Hofoper und enger Vertrauter Bruno Walter ist wenig überzeugt, dass diese Verbindung von Dauer sein wird. Er schreibt an einen Bekannten: »Mahler ist 41 und sie 22, sie eine gefeierte Schönheit, gewöhnt an ein glänzendes gesellschaftliches Leben, er so weltfern und einsamkeitsliebend.«

Das Ehepaar bezieht eine Wohnung in der Nähe der Oper mit zwei Dienstmädchen und all dem Luxus, den Alma verlangt, und nach der Geburt des ersten Kindes am 2. November 1902, Tochter Maria – sie wird nach Mahlers Mutter so genannt –, werden sogleich ein Kindermädchen und eine Gouvernante engagiert. Mahler ist hingerissen von seiner Tochter und verwöhnt sie. Sie bleibt seine Nummer eins, auch als die zweite Tochter Anna Justina am 15. Juni 1904 geboren wird. Alma hasst aber den monotonen, geregelten Tagesablauf, auf den Mahler so großen Wert legt. Beim Komponieren darf ihn nur Maria stören, sie wird toleriert. Was macht Alma Mahler? Sie stürzt sich in einen heftigen Flirt mit Mahlers Komponistenkollegen Hans Pfitzner (1869–1949).

Alma Mahler ist unglücklich, weil sie sich trotz der zwei Töchter einsam fühlt. Gustav Mahler arbeitet gut acht Monate im Jahr intensiv an der Oper, zwei Monate nimmt die Vorplanung für die neue Spielzeit in Anspruch, die restlichen zwei Monate hat er frei und in diesen komponiert er an seinen Symphonien. Und er braucht seine Ruhe. Alma bittet sogar einmal den Dorfpfarrer, nicht die Glocken zu läuten, weil ihr Mann gerade mitten im Komponieren stecke.

Die Jahre 1905 und 1906 bringen für Mahler berufliche Höhepunkte. Der Direktor der Hofoper hat seine Macht konsolidiert und bietet dem Publikum regelmäßig große Events, als Dirigent ist er in ganz Europa unterwegs und als Komponist wird seine Anhängerschaft stetig größer. Im Sommer 1906 arbeitet er an seiner achten Symphonie – einem Opus magnum. Dann aber bricht das Jahr 1907 an und ein inszenierter Pressefeldzug gegen Mahler startet, er wird etwa als »Zerstörer des Ensembles« bezeichnet – natürlich darauf abzielend, dass er den Platz als Direktor räumt. Man meint, er würde, wie man so schön zu sagen pflegt, auf zu vielen Kirtagen, mit seinem Hintern tanzen. Gustav Mahler ist zäh, aber es kommt ihm nicht ungelegen, dass er aus New York, vom Chef der Metropolitan Opera Heinrich Conried, das Angebot für eine ausgedehnte mehrwöchige und sehr lukrative Dirigentenbeschäftigung erhält. Er willigt ein, meint in Hinsicht auf die öffentlichen Attacken: »Ich gehe, weil ich das Gesindel nicht mehr aushalten kann.« Dann aber die Katastrophe: Seine geliebte Tochter Maria stirbt im Juli 1907 durch die Diphtherie und das stürzt ihn in die schwerste Krise seines Lebens. Er verfällt schnell auch körperlich. Bei einem Arztbesuch wird eine Herzschwäche diagnostiziert. Ein weiterer Schock für Gustav Mahler. Er flüchtet mit Alma und der zweiten Tochter nach Schluderdach in Tirol. Dort erholt er sich mehr schlecht als recht. Mahler kompensiert den Schmerz mit Arbeit und mit Jetset. Nur ein paar Monate nach dem tragischen Verlust steht er in New York am Dirigentenpult.

Als er 1909 seine neunte Symphonie beendet, ist er richtiggehend glücklich, dass er noch lebt. Er hatte die große Angst gehabt, dass es ihm ähnlich wie Schubert, Bruckner, Dvorak oder Beethoven ergehen würde. Kaum wäre die Neunte beendet, würde er sterben. Arnold Schönberg, der Begründer der Zwölftonmusik notiert 1912, auf seinen Komponistenkollegen Mahler Bezug nehmend: »Es scheint, die Neunte ist eine Grenze. Wer darüber hinaus will, muss fort. Es sieht aus, als ob uns in der Zehnten etwas gesagt werden könnte, was wir noch nicht wissen sollen, wofür wir noch nicht reif sind. Die eine Neunte geschrieben haben, standen dem Jenseits nahe. Vielleicht wären die Rätsel dieser Welt gelöst, wenn einer von denen, die wir wissen, die Zehnte schriebe. Und das soll wohl nicht sein.« Doch tatsächlich will nun Gustav Mahler dieser Jemand sein, der sich an die seine zehnte Symphonie heranwagt, und das, obwohl es eigentlich ein vollkommen aussichtsloses Unterfangen zu sein scheint, denn Mahlers Gesundheitszustand ist mehr als angegriffen und auch die Zeit ist kaum zu finden. Bereits 1909 schreibt er in einem Brief an Alma: »Mir schaudert jetzt bei dem Gedanken an meine verschiedenen Komponierhäuschen; obwohl ich dort die schönsten Stunden meines Lebens verbracht, so habe ich sie wahrscheinlich mit meiner Gesundheit bezahlen müssen.« Er hat in diesen Häuschen oft tagelang, ohne Rücksicht auf seine Gesundheit und ohne Schlaf und Essen durchkomponiert. Im Nachhinein scheinen das keine allzu glücklichen Zeiten für ihn gewesen zu sein.

Während Mahler seine Zehnte ab Frühsommer 1910 konzipiert, weilt Alma Mahler auf Kur in Tobelbad, wo sie es genießt, die Blicke der Männer auf sich zu ziehen. An seinem fünfzigsten Geburtstag, der in dieser Zeit ihrer Kur liegt, ereignet sich etwas, das Mahler, der nicht an Zufälle glaubt, in seiner Symbolik und Eindringlichkeit lange beschäftigt. Er sitzt in seinem Toblacher Gartenhaus, als er plötzlich ein undefinierbares Geräusch vernimmt, und im nächsten Augenblick fliegt etwas Riesiges, Dunkles an ihm vorbei. Mahler stockt der Atem und in einer Ecke des kleinen Raumes plustert sich ein Raubvogel auf, setzt an und fliegt an Mahler vorbei wieder aus dem Fenster, und sobald der riesige Vogel draußen ist, kriecht eine Krähe unter dem Sofa hervor und fliegt ebenso davon. Mahler sieht in der Krähe sofort seine Alma und im Raubvogel einen Unbekannten, einen Jäger, der ihm seine Frau abspenstig machen möchte. Weit hergeholt, aber tatsächlich sollte er recht behalten.

Der vier Jahre jüngere Architekt Walter Gropius (1883–1969), ebenfalls Kurgast, verfällt Alma Mahler und auch sie findet an ihm Gefallen. Die beiden beginnen eine Affäre, die erst von Gustav Mahlers Tod unterbrochen und schließlich nach einer Zeit der Trauer Almas weitergeführt werden wird. Gustav Mahler ahnt indes das Fremdgehen seiner Frau zu Beginn nicht. Er ist zwar krankhaft eifersüchtig, aber als er sie auf der Kur besucht und sie ihm Gropius vorstellt, schöpft er keinen Verdacht. Doch eines Tages »verirrt« sich ein falsch adressierter Liebesbrief von Gropius in Mahlers Briefkasten. Darin wird die »Heißersehnte« gebeten, alles aufzugeben und mit ihm, also Gropius, ein neues Leben zu beginnen. Mahler ist erschüttert. Natürlich ist es ihm bewusst, dass die neunzehn Jahre jüngere Alma gelangweilt in der Ehe mit ihm ist, dennoch möchte er sie nicht kampflos aufgeben, sollte es hart auf hart kommen. Doch er handelt nicht in Richtung Alma, sondern legt sich selbst die Disziplin auf, weiterzukomponieren. Die Affäre seiner Frau und seine Kränkung finden dafür in einigen verbalen Annotationen in der Komposition Ausdruck. Überhaupt stehen immer wieder handschriftliche Einträge neben den Notenzeilen, wie: »Erbarmen! O Gott, Gott, warum hast du mich verlassen?« oder »Der Teufel tanzt es mit mir« oder »Wahnsinn fasst mich an, Verfluchten! Vernichte mich, dass ich vergesse, dass ich bin«. Am Ende des vierten Satzes steht notiert: »Vollständig gedämpfte Trommel: Du allein weißt, was es bedeutet! Leb wohl, mein Saitenspiel!« Alles sehr kryptisch, aber es zeigt, wie zerrissen Gustav Mahler damals ist. Er trauert nach wie vor um die Tochter, um seine Ehe, er weiß, dass seine Gesundheit ihm das Arbeiten immer schwerer machen wird – und nicht zuletzt ist Mahler auch bei seinen bisherigen Kompositionen einer, der vollkommen an seine Grenzen

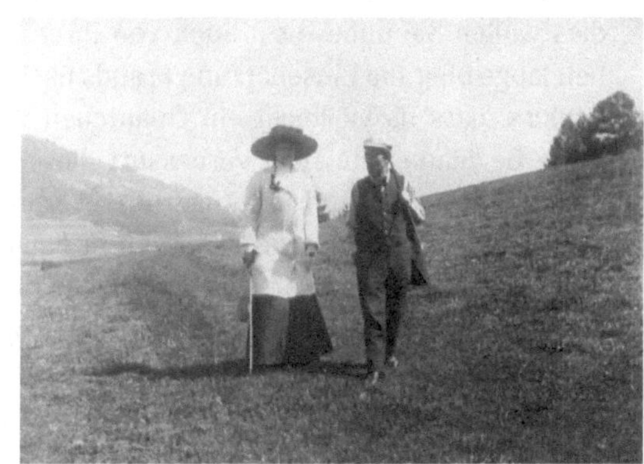

Abb. 7: Das Ehepaar Mahler beim Spaziergang in Toblach im Jahre 1909.

geht. Alma berichtet etwa: »Die Sommerhitze! Die Stille! Der panische Schrecken! Es hatte ihn gepackt: Entsetzen! [...] und er kam dann mitten aus seiner Arbeit, aus seiner Einsamkeit, um in menschlicher, warmer Nähe unseres Hauses wieder zu sich zu kommen und weiter zu arbeiten.«

In seiner Verzweiflung unterbricht er die Arbeit an der Symphonie und telegrafiert aus Tirol auf Empfehlung eines Freundes Sigmund Freud. Er bittet um einen Termin – Freud, der sich gerade im Urlaub befindet, ist bereit, diesen zu unterbrechen, da er ein großer Bewunderer Mahlers ist. Man ist sich also einig, doch dann kommt ein zweites Telegramm Mahlers, in dem er den Termin absagt. Ein paar Tage später dann wieder ein Telegramm. Erneut bittet Mahler um eine Verabredung, erneut findet man einen Zeitpunkt, erneut sagt der Komponist wenig später ab. Gustav Mahler leidet nicht nur an etlichen Zwangsstörungen, sondern auch an enormen Zweifeln. Doch dieses Mal meldet sich Freud und schlägt ihm ein Treffen für den August 1910 vor, wenn er auf dem Weg ins italienische Sizilien ist. Auf der Viertelstrecke, nämlich im niederländischen Leiden, treffen sich die beiden berühmten Männer nun in einem Hotel.

Man spaziert, redet und sinniert und schließlich analysiert Freud die Situation Mahlers: »Ich kenne Ihre Frau. Sie liebte ihren Vater und kann nur d[ies]en Typen suchen und lieben. Ihr Alter, das Sie so fürchten, ist gerade das, was Sie Ihrer Frau anziehend macht ... Sie lieben Ihre Mutter, haben in jeder Frau deren Typus gesucht. Ihre Mutter war vergrämt und leidend, dies wollen Sie unbewusst auch von Ihrer Frau!« Mahler grübelt lange über die Einschätzung Freuds nach, kommt dann zum Schluss, dass da vielleicht ein Quäntchen Wahrheit drin liegt, seine Beziehung zu Alma verbessert diese Erkenntnis jedoch nicht – vielleicht fand sie Ausdruck in seinem musikalischen Schaffen: Auf der Rückreise schreibt er nämlich an seine Frau, dass er seinen gegenwärtigen Zustand in seiner Zehnten verarbeitete: »Zusammen floss zu einem einzigen Akkord, mein zagend Denken und mein brausend Fühlen.«

Am 12. September 1910 feiert seine achte Symphonie in München Uraufführung. Es geht ihm körperlich schlecht und dennoch stehen aufreibende Monate bevor. Er dirigiert Konzerte in Köln und Dresden und Leipzig, keines wird abgesagt und das, obwohl ihn immer wieder heftige Fieberanfälle heimsuchen. Schon die intensiven Proben vor der Uraufführung der Achten haben ihn vollkommen entkräftet. Freunde und Bekannte, die ihm zu dieser Zeit über den Weg laufen, sprechen von einer ungesunden gelben Gesichtsfarbe, die er gehabt haben soll.

Anfang September 1910 schreibt er: »Denke dir, mein fieberisches Gefühl, als ich im Hotel ankam, verstärkte sich gestern Morgen (schon während ich dir schrieb) so eminent, daß ich mich im Schrecken sofort zu Bett legte, einen Arzt kommen ließ (alles wegen der kommenden Woche). [...] Abends kam der Arzt wieder, constatirte eine leichte Besserung. Die Nacht verlief ruhig – heute erwachte ich ohne Fieber, aß mit Appetit. Der Arzt kam, constatirte eine große Besserung und erlaubte mir die Probe.«

Schließlich geht es nach New York, wo eine große Konzerttournee geplant ist. Mit Alma, der Tochter und der Schwiegermutter wird nach Übersee geschifft. 65 Konzerte – Mahler schafft aber nicht alle. Die Gesundheit will so gar nicht mehr. 48 Auftritte steht er durch, das 48. Konzert am 21. Februar 1911 ist sein letztes. Kaum ist der Abschlussapplaus verhallt, geht Mahler in seine Umkleide. Sein guter Freund, der Arzt Dr. Joseph Fraenkel (1867–1920), setzt von Wien aus ein paar renommierte New Yorker Mediziner auf Mahler an. Letzten Endes einigt man sich darauf, dass der Komponist wieder nach Österreich zurückkommt. Die Mahlers, die im Hotel Savoy residieren, packen ihre rund vierzig Koffer, und es geht zurück nach Europa. Alma Mahler ist latent genervt von der angeschlagenen Gesundheit ihres Mannes. Der hat Fieber und sein Zustand verschlimmert sich in den kommenden Tagen und Wochen weiter. Die Ruhe, die er sich selbst verordnet, bringt keine Verbesserung. Dr. Fraenkel kann im Blut des Komponisten Streptokokken feststellen. Er schickt Gustav Mahler zu einem renommierten Bakteriologen nach Paris, aber Fraenkel weiß nur zu gut, dass nur noch ein Wunder helfen kann. Mahler schifft mit Alma und ihrer Mutter in die französische Hauptstadt über. An Bord liest er Eduard

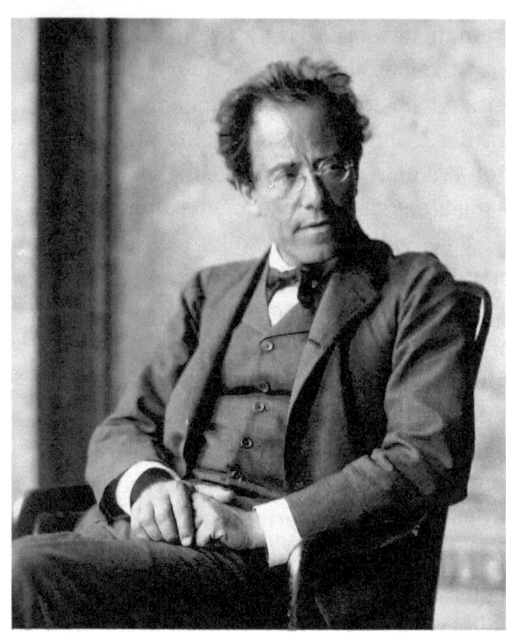

Abb. 8: Gustav Mahler, 1907 auf einer Fotografie von Moritz Nähr.

von Hartmanns Buch *Das Problem des Lebens* und beschäftigt sich mit Kontrapunktion. Wenig später in Paris weiß man auch keinen gesundheitlichen Rat, eine verordnete Serumbehandlung bringt gar keine Verbesserung und Mahler selbst weiß längst, wie es um ihn steht. Er äußert den Wunsch, neben seiner Tochter in Grinzing, einer ländlichen Region am Rande Wiens in den Weinbergen, begraben zu werden. Also übersiedelt man ihn zwei Wochen später wieder zurück nach Österreich. Im großen, bestausgestatteten Krankenzimmer des Sanatoriums Loew, das er bezieht, erwarten ihn Blumensträuße von Musikerkollegen und Dutzende Genesungswünsche von seinen Philharmonikern. Die österreichischen Zeitungen nehmen regen Anteil an der Gesundheit des Patienten Gustav Mahler. Bei dem setzen nun Schwellungen an beiden Beinen und Atemnot ein. Er benötigt ein Sauerstoffgerät. Seiner kleinen Tochter tätschelt er nochmals die Wange. »Bleib mir brav, mein Kind!«, sagt er.

Am 17. Mai fegt ein starker Sturm über Wien. Baumkronen werden hin und her gepeitscht, die meisten Menschen bleiben in ihren Häusern. Kurz nach Mitternacht, am 18. Mai, der Sturm tobt nach wie vor und sein Pfeifen und Heulen irrt durch die Gänge des Spitals, stirbt Gustav Mahler in seinem Krankenzimmer. Alma schreibt später: »Sein wahrhaftes Ringen um die wenigen Güter, sein Sterben, die Größe seines Antlitzes, das immer schöner wurde nahe dem Tode – ich will und werde es nie vergessen.«

An seiner finalen Symphonie schrieb er in den Wochen vor seinem Tod nicht mehr. Über der letzten Note der unvollendeten Symphonie steht, mit zittriger Handschrift: »Für dich leben! Für dich sterben!«

Als Mahler am 22. Mai 1911 beerdigt wird, säumen rund 500 Trauergäste den Weg von der Kirche zum Grab. Alma ist nicht dabei. Sie liegt mit einer Lungenerkrankung im Bett. Sie überlebt Mahler um 53 Jahre und heiratet in den 1920er Jahren nochmals – den Schriftsteller Franz Werfel.

Kunst

5

Benjamin West und sein *Vertrag von Paris*

Steckbrief

Werk: Treaty of Paris
Jahr der Unvollendung: 1782
Urheber: Benjamin West (1738–1820)

Der spätere US-Präsident John Quincy Adams schreibt in den 1790ern in sein Tagebuch: »Ich bedauere es zutiefst, dass dieses Gemälde unvollendet bleibt. Mister West sagte, er dachte, es beenden zu können, und ich verstehe seine Absicht, denn immerhin sollte das Bild ja ein Geschenk für den Kongress ein.« Doch es liegt nicht am Maler, weshalb es dieses Bild nicht zur Vollendung geschafft hat; der amerikanische Delegierte Henry Laurens ist einer der Hauptgründe, warum dieses Gemälde von Benjamin West (1738–1820) niemals beendet wurde. Und die Geschichte dahinter ist sehr eng mit der Unabhängigkeit der Vereinigten Staaten von Amerika verwoben. Gehen wir einen Schritt zurück.

Aus einiger Entfernung beobachtet der 35-jährige Benjamin West, wie am 16. Dezember 1773 wütende amerikanische Bürger, die sich als Indianer verkleidet hatten, über 300 Ladungen Tee, die auf Schiffen der East India Company gelagert sind, über Bord werfen. Man protestiert damit gegen eine Teesteuer in den nordamerikanischen Kolonien, die in London beschlossen worden ist. Die Aktion sorgt in Großbritannien für Kopfschütteln; sehr wütendes Kopfschütteln. Die sogenannte Bostoner Tea Party war eine bedeutende Eskalation des seit den 1760ern schwelenden Konflikts zwischen dem britischen Mutterland und den Kolonien der Neuen Welt, der letzten Endes im Amerikanischen Unabhängigkeitskrieg mündete. Dieser bricht zwei Jahre später aus und führt zu Irritation bei Benjamin West, denn

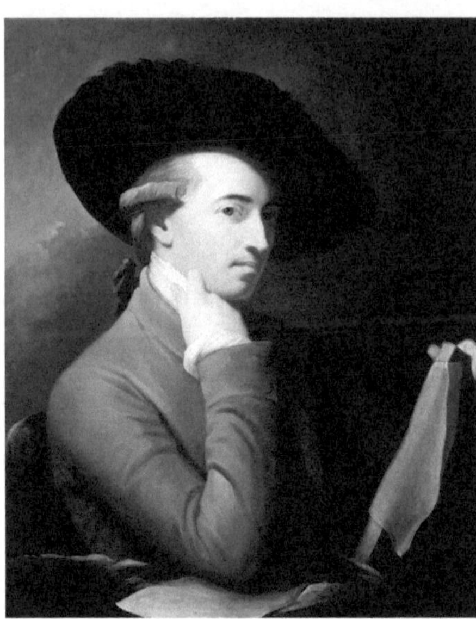

Abb. 9: Benjamin West, Selbstporträt.

der ist beiden Seiten verpflichtet. Er wird 1738 in Springfield, Pennsylvania, als Sohn von Quäkern, mit englischem Vater und einer amerikanischen Mutter, geboren; von seiner religiösen Herkunft distanziert er sich später. Rasch wird sein ungeheures künstlerisches Talent entdeckt. Mithilfe einflussreicher Förderer, etwa des Ex-Bürgermeisters seiner Heimatstadt, William Allen, der sagt: »So ein Genie soll nicht vergeudet werden!«, wird ihm ein Kunststudium in Europa ermöglicht.

Zunächst reist Benjamin West mit 23 für drei Monate nach Italien, wo er die großen Meister studiert. Insbesondere Tizians Werk fasziniert den jungen Maler, er prägt sich dessen Bildinszenierungen ein. Nach einigen Monaten in Südeuropa sollte es eigentlich zurück in die Kolonien gehen, doch er entschließt sich, spontan nach London zu reisen. Da ist er 24 Jahre alt. Ursprünglich will er nur für einige Wochen dort bleiben, und aus einigen Wochen werden Jahre, zehn genau genommen, und Jahre, in denen er sich einen Namen als exquisiter Historienmaler mit innovativen Ideen macht und auf Du und Du mit der britischen High Society ist: Ja, niemand Geringerer als

King George III. ist ein Verehrer seiner Kunst. Vor allem sein Gemälde *The Death of General Wolfe*, das er 1770 vollendet, wird bejubelt. Der britische General James Wolfe (1727–1759), der den Briten im Kampf gegen die Franzosen den Einfluss in Kanada sicherte, genoss Ikonenstatus in Großbritannien und es gab nicht wenige dort, die später meinten, dass man mit ihm, hätte er noch gelebt, den Amerikanischen Unabhängigkeitskrieg gewonnen und die aufmüpfigen Amerikaner besiegt hätte. Und auch in den ehemaligen Kolonien genießt der Künstler West hohes Ansehen. Benjamin Franklin ist Taufpate seines zweitgeborenen Sohnes. Es ist also von Anfang an klar, dass, als der Krieg ausbricht, Benjamin West für keine der beiden Seiten kämpfen würde, aber er möchte den Krieg dokumentieren, und zwar künstlerisch. Den Großteil des Krieges erlebt er in London und er schreibt am 2. Juli 1780: »Ich habe Angst zu erfahren, was für Entbehrungen unser Heimatland zu erleiden hat und was aus all meinen Bekanntschaften geworden ist.«

In England bekommt er den Beinamen »Amerikanischer Raphael«, eine absolute Ehrerbietung. Er wird Mitglied der Londoner Royal Society of Arts, die 1768 gegründet wird. Viele junge amerikanische Künstler kommen in diesen Jahren zu West, nach London, um bei ihm zu studieren, so zum Beispiel auch Samuel Morse (1791–1872), der uns heute vor allem als Erfinder des Morsegeräts in Erinnerung ist, der aber eigentlich klassisch ausgebildeter Maler war.

Zurück ins Geschehen: Wir schreiben den 19. Oktober 1781: Lord Cornwallis (1738–1805), hochrangiger britischer General, der später Generalgouverneur von Indien werden sollte, ergibt sich George Washington (1732–1799) in der Schlacht von Yorktown. Es ist eines der letzten großen Gefechte des Amerikanischen Unabhängigkeitskrieges, und Großbritannien muss immer mehr anerkennen, dass die Überseekolonien verloren sind. Nach dieser Schlacht herrscht erst einmal Ruhe. Gespannte Ruhe. Einige Monate später, im April 1782, treffen sich dann eine britische und eine amerikanische Delegation auf neutralem Boden. Neutral ist in diesem Fall die französische Hauptstadt Paris. Es soll genau besprochen werden, wie es mit dem Status der USA weitergehen soll, und beide Seiten stellen sich auf zähe Verhandlungen ein, denn der Dissens ist simpel: Die USA wollen ihre Unabhängigkeit und Großbritannien will das nicht oder nur mit Auflagen. Die amerikanische Delegation besteht aus vier Männern: John Adams, aus Massachusetts, Benjamin Franklin, der Pennsylvania vertritt und der seinen 22-jährigen Enkelsohn William Temple Franklin mitnimmt, John Jay aus New York und, den Süden der USA vertretend, der am Kapitelanfang erwähnte Henry Laurens aus South Carolina.

Am 4. August 1782 schreibt West an einige seiner Studenten, dass es seine Intention sei, »eine Sammlung von Bildern« zu schaffen, die, die »großen Ereignisse, die zur Revolution in Amerika« führten, dokumentierten. (Spoiler: Zur Fertigstellung dieses Zyklus kommt es nach der Nicht-Vollendung des ersten Bildes auch nicht.) Und weiter schreibt er, er brauche »genaues Wissen über die Uniformen der amerikanischen Armeen«, und um mit diesem Zyklus zu beginnen, entscheidet er sich, am Ende zu starten – mit dem Vertrag, der den Krieg offiziell beendete. Und da er bevorzugt, am »lebenden Modell« zu malen, reist er nach Paris, um die Delegationen, die den Friedensschluss zwischen den Vereinigten Staaten von Amerika und Großbritannien besiegeln, zu verewigen. Er macht dies natürlich hoch offiziell und ist im gleichen Hotel untergebracht wie die amerikanischen Abgesandten selbst.

Als Benjamin West seine Arbeit aufnehmen und die Delegation porträtieren möchte, fehlt allerdings Henry Laurens. Was ist der Grund? Laurens hat gesundheitliche Beschwerden, denn tatsächlich war er bis zum Dezember 1781 für fast ein halbes Jahr im Tower of London inhaftiert. Er ist bis heute der einzige Amerikaner, der dort jemals eingekerkert wurde. Laurens wurde Ende 1779 von den USA nach Amsterdam geschickt, um die Niederlande davon zu überzeugen, nicht in den Unabhängigkeitskrieg der Amerikaner gegen England einzugreifen. Und tatsächlich hatte er Erfolg. Auf der Rückfahrt allerdings wurde sein Schiff abgefangen und Laurens nach London gebracht, wo er festgenommen wurde. Am 31. Dezember 1781 lässt man ihn schließlich, im Tausch gegen Lord Cornwallis, der von den

Amerikanern gefangen genommen worden war, frei und er reist in die Vereinigten Staaten zurück. Später unterzieht er sich im englischen Bath, die Haft hat ihre Spuren hinterlassen, einer Kur in den Naturquellen. Benjamin Franklins Enkel erhält nun in Vertretung Laurens' die Funktion des Delegationssekretärs. Dies ist übrigens auch schon der politische Höhepunkt von William Temples Karriere. Umsonst bemüht sich sein Großvater später im Kongress, dass man seinem Enkel einen diplomatischen Posten zuschanzt.

Die britische Delegation besteht indes nur aus zwei Männern, nämlich aus Richard Oswald, einem Hardliner, der sich einen Namen im Sklavenhandel gemacht hat, und David Hartley jr., Sohn eines Philosophen, der wiederum als späterer erster

Abb. 10: Nur die amerikanische Delegation sollte verewigt bleiben.

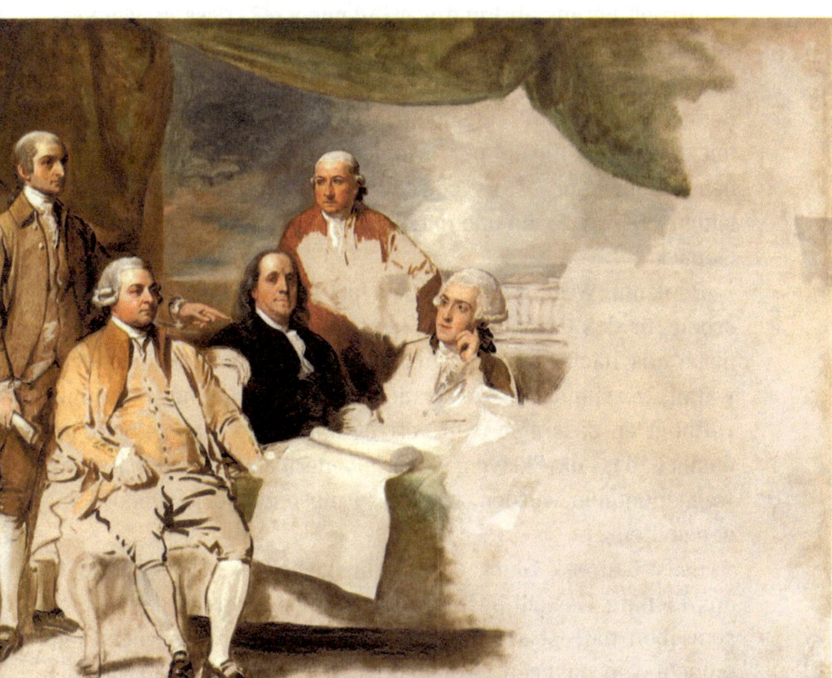

Ministerpräsident Englands für ein sofortiges Ende der Sklaverei eintreten wird. Eine interessante Kombination also.

Die Verhandlungen gehen gleich hitzig los. Man macht seine Standpunkte klar und möchte von diesen auch nicht abweichen. So weit so normal. Die Monate ziehen somit ins Land, ohne dass die Verhandlungen etwas Substantielles bringen. Dann, im November 1782, gibt es endlich Bewegung. Ein Vorfriede zwischen den Vereinigten Staaten und Großbritannien wird unterschrieben. Wobei nicht alle unterschreiben. Kurz bevor die Unterzeichnung in sicheren Tüchern ist, bekommt Laurens in Bath einen Brief von John Adams aus Paris. Adams ist kein Mann großer Worte, auch als späterer US-Präsident wird er das nicht sein. Recht nüchtern und pragmatisch informiert er Laurens darüber, dass sein Sohn John bereits im August bei einem Scharmützel mit ein paar Briten in Combahee, South Carolina, getötet worden sei. Es ein absolut sinnloser Tod, weil der Krieg ja offiziell bereits zu Ende war. Adams weiß, dass es viel verlangt ist, aber er bittet Laurens dennoch, so rasch wie möglich nach Paris zu kommen, um den Vertrag zu unterschreiben, denn seine Signatur fehle noch. Er solle sein private Geschichte mit den Briten für ein paar Momente vergessen. Und tatsächlich kommt Laurens: psychisch wie physisch sichtlich in Mitleidenschaft gezogen und mit einer unerwarteten Forderung im Gepäck.

Benjamin West, der schon seit fast drei Wochen an der Vorarbeit für das Gemälde sitzt, beobachtet die folgenden Ereignisse aus nächster Nähe. Als Henry Laurens, wie schon erwähnt, verständlicherweise nicht in bester Laune ankommt, verlangt er, dass man dem Vertrag noch eine Klausel beifüge, nämlich, dass die Sklaven, die ihren amerikanischen »Besitzern« weggenommen wurden, wieder an diese zurückgegeben werden sollten.

Es ist Laurens' Glück, dass die britische Delegation nur noch aus Richard Oswald besteht, denn Hartley, der bereits unterschrieben hat, ist schon abgereist – und wäre in jedem Fall entschieden dagegen gewesen. Doch Richard Oswald scheint der einzige Brite zu sein, der mit dieser Klausel leben kann.

Allerdings versprach schon der britische General Henry Clinton im Juni 1779, dass alle Sklaven, die auf britisches Territorium kommen, frei seien. Man werde gar niemanden »zurückgeben«, denn die Menschenwürde müsse gewahrt bleiben. Und so finden sich zwar die Unterschriften aller Männer auf dem Vertrag, aber diese Klausel tritt niemals in Kraft und die Briten verweigern zu guter Letzt die Herausgabe der Sklaven, was die junge USA sehr verstimmt. Nach den Unterschriften geht alles sehr schnell; es gibt keinen Handshake und die britische Delegation steht für Wests Gemälde auch nicht mehr zur Verfügung. Benjamin West erfährt davon, nachdem er die Arbeit an den Abbildern der amerikanischen Delegation zu einem Gutteil beendet hat. Das Gemälde *Der Vertrag von Paris* bleibt also unvollendet. Der Perfektionist Benjamin West leidet anfangs darunter, denn noch nie zuvor hat er ein Bild nicht zu Ende gebracht.

Natürlich ranken sich, wie immer, wenn etwas unvollendet bleibt, auch nicht ganz seriöse Theorien um das Werk von West. Eine dieser gewagten Thesen, die erklären soll, warum das Gemälde unvollendet blieb, hat der deutsche Historiker Holger Hoock ins Spiel gebracht. Er meint, die Briten könnten sich geweigert haben, Modell zu stehen, weil Richard Oswald, von dem kein bekanntes Porträt existiert, außerordentlich unansehnlich gewesen sein soll, so unansehnlich, dass die Briten es als großen Makel empfunden hätten, wenn man ihn als Repräsentant des Landes verewigt hätte.

Ob das nun tatsächlich die Erklärung ist oder nicht: wir werden es wohl nie erfahren.

6

Elizabeth Shoumatoff malt den Präsidenten

Steckbrief

Werk: Franklin D. Roosevelt-Porträt
Jahr der Unvollendung: 1945
Urheberin: Elizabeth Shoumatoff (1888–1980)

Es ist ein sonniger Tag im April 1945, da sitzt die Malerin Elizabeth Shoumatoff (1888–1980) in Warm Springs, Georgia, und malt den 32. Präsidenten der Vereinigten Staaten, Franklin Delano Roosevelt. Das Staatsoberhaupt ist seit Langem gesundheitlich angeschlagen. Über seine Gehschwäche, die er schon seit über zwanzig Jahren hat, höchstwahrscheinlich leidet Roosevelt am neurologischen Guillain-Barré-Syndrom, weiß der Großteil der Amerikanerinnen und Amerikaner Bescheid, dennoch wird darüber nicht gesprochen. Roosevelt, der immer eine beruhigende Milde ausstrahlt, ist weitgehend auf den Rollstuhl angewiesen, nur manchmal, vor allem dann, wenn die Medien anwesend sind, geht er mit Hilfe einige Schritte. Das amerikanische Staatsoberhaupt soll keine Schwäche zeigen, die vielleicht den Kommunisten gefallen könnte.

Recht ironisch ist es da, dass die Malerin, der Roosevelt nun Modell sitzt, eine gebürtige Sowjetbürgerin ist, auch wenn sie mittlerweile stolze Amerikanerin ist. Aber blicken wir zunächst einmal etwa dreißig Jahre zurück.

Es ist ein beschwerlicher Weg, den Elizabeth Shoumatoff, ihr Mann Leo und die kleine Tochter Zoric, die ein schweres Lungenleiden hat, hinter sich haben, als sie im Herbst 1917 in Amerika ankommen. In der russischen Heimat wird ihr Mann vom Übergangspräsidenten Alexander Kerensky nach Übersee entsendet. Als in Russland Lenin an die Macht putscht, bleibt der Familie aber nichts anderes übrig, als in Amerika zu

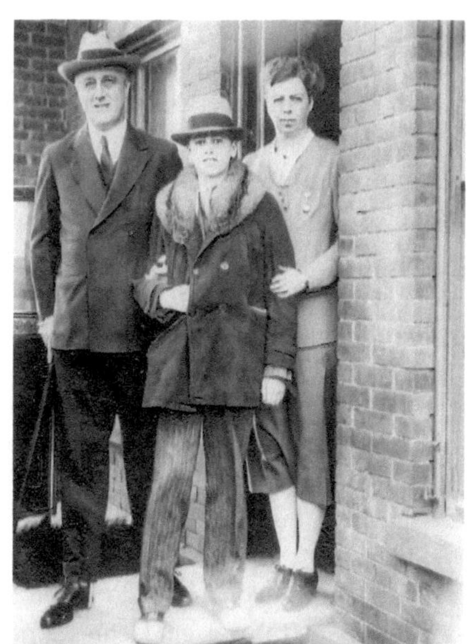

Abb. 11: Roosevelt mit First Lady Eleonor und seinem Sohn John, 1930. Der Präsident wird gestützt. Seine Beine tragen ihn schon länger nicht mehr ohne Hilfe.

bleiben. Zu gefährlich wäre die Situation im Heimatland für sie. Shoumatoff ist 29 und spricht gutes Englisch. Ihr Vater war ein einflussreicher General, die Familie gehörte der russischen Oberschicht an. Sie hatte ein britisches Kindermädchen, das ihr neben der englischen Sprache auch das Malen beibrachte. Ihr erstes Porträt, das sie mit neun Jahren fertigte, ist von einer Puppe. In Russland besuchte sie später einige Kunstkurse, blieb aber Autodidaktin, dennoch möchte sie sich nun in der neuen Heimat als Malerin ihre Brötchen verdienen.

Zu Beginn versucht sich die Familie als Farmer in Pine Bush nahe New York. Sie halten einige Zeit durch, bleiben hartnäckig, allerdings recht erfolglos. Mittlerweile sind sie zu fünft. Die Kinder Elizabeth und Nicholas werden schon in den USA geboren. Bald zieht die Familie erneut um, noch näher an die große Metropole New York heran. 1924 dann ein weiteres Mal, nach Long Island. Leo wird dort Geschäftsleiter der Sikorsky-Aviation-Corporation, ein Unternehmen, das Hubschrauber und Flugzeuge produzierte, heute vor allem Drohnen. Es ist ein guter und sehr lukrativer Posten. Alles scheint sich zum Guten zu wenden, aber da schlägt das Schicksal plötzlich beinhart zu. Leo Shoumatoff erleidet beim Schwimmen nahe dem Jones-Beach-Strand einen Herzinfarkt und ertrinkt – schlagartig ist seine Frau Witwe mit drei Kindern. Und sie ist nun Alleinverdienerin als unbekannte Malerin, aber sie besitzt einen eisernen Willen. Sie baut sich rasch ein kleines Netzwerk auf, das ihr beim Finden neuer Kunden hilft. Und ihr Markenzeichen ist ihr Stil, der etwas Unverwechselbares hat, weil sie ihre Porträts ausschließlich mit Aquarell malt.

Was nun macht dieses bestimmte Porträt so bemerkenswert? Es ist kein offizielles Präsidentenporträt in diesem Sinne, denn den Auftrag erhält Shoumatoff per Telefonanruf von Roosevelts Geliebter, Lucy Rutherford. Es ist nicht das erste Porträt, das Shoumatoff vom Präsidenten für Rutherford anfertigt. Bereits zwei Jahre zuvor malte sie ihn in seinem Haus im Hyde Park. Dieses Porträt war ein kleines – nun möchte Lucy Rutherford, die selbst weiß, wie es um die Gesundheit Roosevelts bestellt ist, eines in Lebensgröße haben.

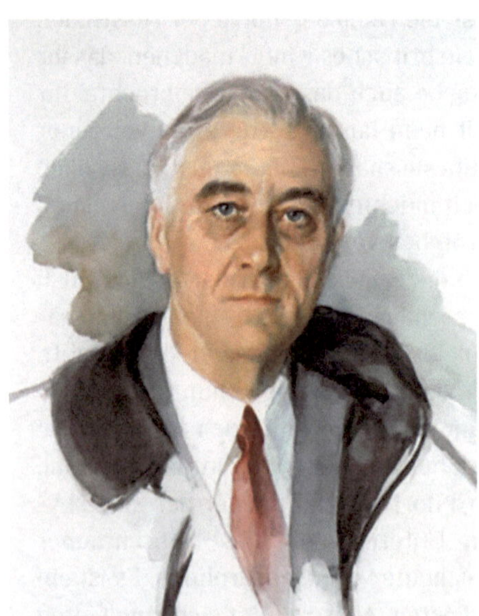

Abb. 12: Das legendäre unvollendete Porträt des Präsidenten.

Man vereinbart vier Sitzungen, in denen Shoumatoff den Präsidenten malen soll. Er ist im sogenannten Kleinen Weißen Haus (Little White House), in Warm Springs, Georgia, wo er auch oft Ferien macht. Roosevelt ist ein stilles, zuvorkommendes, höfliches und sehr geduldiges Modell und möchte der Malerin keinen Stress machen, er ist aber auch ein sehr kranker Mann. Der renommierte Fotograf Nicholas Robbins wird verpflichtet, eine Reihe von Fotos zu machen, damit Shoumatoff auch beim Weitermalen zu Hause eine Vorlage parat hat.

Der erste Tag verläuft in sehr entspannter Atmosphäre. Während Roosevelt sitzt und Shoumatoff erste Skizzen entwirft, erzählt der Präsident einige heitere Anekdoten aus seiner

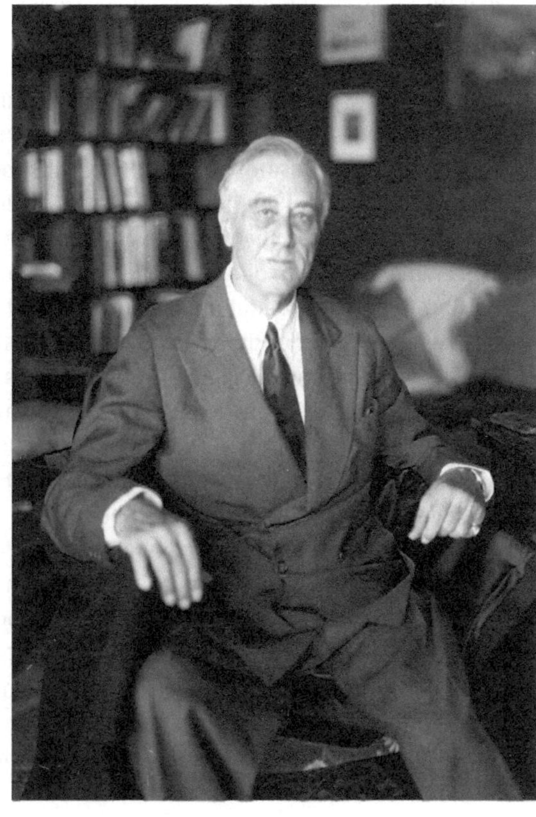

Abb. 13: Das letzte Foto von Franklin D. Roosevelt, das am 11. April 1945 von Nicholas Robbins gemacht wird.

Anfangsphase als junger unerfahrener Politiker. Man trinkt Tee und Roosevelt ist beeindruckt von den ersten Skizzenentwürfen. Er selbst habe gar kein zeichnerisches Talent, meint er. Roosevelt ist aber ein passionierter Briefmarkensammler. Das Sichten der Marken, das Einkleben, das Beschriften der Sammelalben, das entspannt den mächtigsten Mann der Welt.

Der zweite Tag beginnt um zwölf Uhr mit einer Fotoserie von Robbins. Stoisch sitzt Roosevelt da. Shoumatoff entscheidet sich für die finale Pose, die Roosevelt auf dem Gemälde einnehmen soll, und fertigt eine lebensgroße Skizze an. Um sechzehn Uhr beendet man die Sitzung.

Elizabeth Shoumatoff schläft in der Nacht äußerst schlecht und steht gänzlich unmotiviert tags darauf auf. Sie überlegt sich für einen Augenblick sogar, die Sitzung abzusagen und auf den nächsten Tag zu verlegen, entscheidet sich dann aber doch dagegen und fährt los. Sie trifft auf Roosevelt, der bereits sehr motiviert Platz genommen hat und bester Laune scheint. Seine Gesichtsfarbe ist viel besser als in den Tagen zuvor. Sofort mixt Shoumatoff den Rosaton für das Gesicht. Roosevelt plaudert über Staatsbesuche, Traditionen anderer Länder und bleibt diszipliniert sitzen. Der Tee wird ihm auf den Arbeitstisch serviert, trinken möchte er ihn aber erst nach der Sitzung.

Die Künstlerin arbeitet an diesem Tag rasch. Die ersten Pinselstriche fliegen über die Leinwand. Sie beginnt bei den Augen. Jedes Porträt begann sie damit. Die Augen, so sagte sie, sind der direkte Zugang zur Seele der Person, die gemalt wird.

Mitten im Arbeitsprozess richtet sich Roosevelt plötzlich an sie und sagt: »Wir haben noch fünfzehn Minuten!« Was daraufhin passiert, das sollte Elizabeth Shoumatoff nicht vergessen. Sie erinnert sich später: »Plötzlich riss er die rechte Hand nach oben und griff sich damit an die Stirne. Sein Blick war starr. Dann sank sein Kopf zur Seite.« Franklin D. Roosevelt kollabiert am Boden. Drei Stunden später, es ist der 12. April 1945, verstirbt der Präsident der Vereinigten Staaten an einem massiven Schlaganfall.

Die darauffolgenden Wochen sind für Shoumatoff der reinste Alptraum. Sie zieht sich vollkommen zurück, allerdings lauern ihr immer wieder klatschgierige Reporter auf. Ihr werden hohe Summen für das unvollendete Gemälde geboten, die sie alle ausschlägt, stattdessen spendet sie es mit dem Einverständnis von Lucy Rutherford der Little White House Foundation. Es existiert eine von ihr selbst gemalte exakte Kopie des Bildes, die sie beendete, das Original allerdings wollte sie unvollendet lassen – aus Respekt vor Roosevelt.

7

Alice Neel und der Vietnamkrieg

Steckbrief

Werk: James Hunter Black Draftee
Jahr der Unvollendung: 1965
Urheberin: Alice Neels (1900–1984)

Alice Neels (1900–1984) Bilder sind oft schonungslos, wirken radikal und in jedem Fall sehr eigenwillig. Die Vertreterin des amerikanischen Realismus malte gerne den Ottonormalbürger: alleinerziehende Mütter oder gescheiterte Künstler – was sie verbindet, ist ihr ernster Blick, kein Lächeln kommt ihnen über die Lippen. Viele Modelle scheinen vom Leben gezeichnet, aber Neel verleiht ihnen auch eine eigene Form der Würde. Und

Abb. 14: Das unvollendete Gemälde
James Hunter Black Draftee.

Leider ist es uns nicht möglich gewesen,
das Bild abzudrucken.
Es ist zum Beispiel hier zu sehen:
http://bit.ly/44pchCq,
zuletzt abgerufen am 29.8.2023.

obwohl Alice Neel schon seit den 1930ern aktiv ist und wie eine Berserkerin malt, der Durchbruch und die öffentliche Wahrnehmung stellen sich erst gut dreißig Jahre später ein, da ist sie schon im Pensionsalter. Das ist aber nicht das Bemerkenswerte hinter dem Bild, um das es nun hier gehen soll. Das wirklich Besondere im Falle ihres Gemäldes *James Hunter Black Draftee* aus dem Jahre 1965 ist nicht, das heißt nicht nur, dass es unvollendet geblieben ist, nein, es ist auch die Entstehungsgeschichte an sich, die dieses Bild zu etwas wirklich Besonderem macht. Und die Zeitgeschichte spielt dabei eine ganz wesentliche Rolle: »Draftee« ist nämlich das englische Wort für »Einberufener« oder »Rekrut«.

Im Jahr 1965, dem Jahr, in dem US-Präsident Lyndon B. Johnson, der das Amt nach der Ermordung John F. Kennedys zwei Jahre zuvor übernommen hatte, sich für eine radikale Erhöhung der Bodentruppen in Südvietnam entscheidet, trifft Alice Neel zufällig den jungen James Hunter und bittet ihn, sich für ein Porträt hinzusetzen. Der junge Mann ist wenige Tage zuvor zum Vietnamkrieg eingezogen worden und soll in den nächsten Tagen schon in Richtung Südostasien fliegen. Neel macht so etwas nicht das erste Mal. Die Malerin liebt es, ihre Modelle auf der Straße anzusprechen und dann zu malen. So passiert das auch eines Herbsttages bei James Hunter, einem jungen Afroamerikaner, den sie vor seinem Wohnhaus trifft. Dort spricht er gerade mit einem Freund. Er wirkt ernst, ist etwa 25, vielleicht auch etwas jünger. Neel erzählt ihm, dass sie Malerin sei und ihn liebend gerne malen würde. Hunter ist zu Beginn etwas irritiert, weil so etwas auch nicht alle Tage passiert, dass eine ältere weiße vornehm aussehende Frau einen jungen Schwarzen anspricht, aber schließlich willigt er ein und die beiden vereinbaren zwei Sitzungen in Neels Atelier.

Am nächsten Tag erscheint James Hunter überpünktlich bei Alice Neel. Er bekommt ein Glas Wasser und ein paar Dollar, gesprochen wird nicht allzu viel. Hunter blickt sich im Atelier um, betrachtet einige der Bilder, die ihm zu gefallen scheinen. Ob er vielleicht sogar selbst künstlerisch aktiv ist, weiß man nicht.

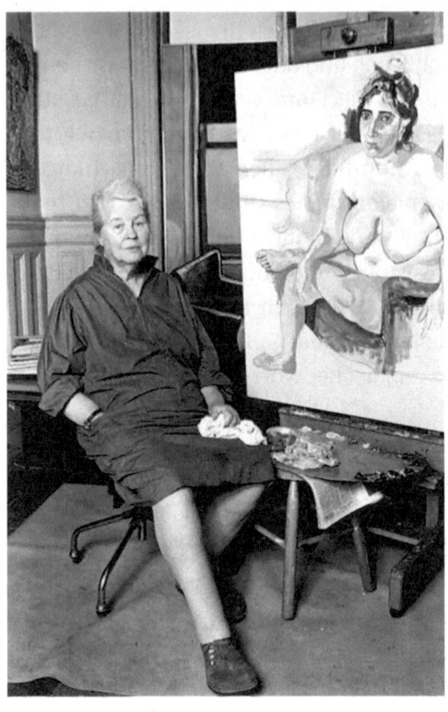

Abb. 15: Alice Neel, 1976, in ihrem Atelier sitzend.

Neel entscheidet sich, den athletischen jungen Mann im Sitzen zu porträtieren, mit seiner linken Hand soll er in Denkerpose sein Gesicht abstützen. James Hunter ist ein intelligenter Mann, der sich natürlich so seine Sorgen über den anstehenden Militärdienst macht, allerdings denkt er auch, dass sein Einsatz im fernen Vietnam, von dem er nur TV-Bilder kennt, etwas bewirken kann. Er ist stolz, Amerikaner zu sein, aber auch, Afroamerikaner zu sein. Es ist die Zeit von Black Power, von Martin Luther King und vom Sehnen nach Gleichberechtigung. Die afroamerikanische Bevölkerung der USA hat endlich das Selbstvertrauen, gegen die Ungerechtigkeiten der rigiden Gesetze vorzugehen. Zehn Jahre ist es her, dass Rosa Parks in Alabama sich geweigert hat, ihren Sitzplatz im Bus für einen weißen Fahrgast zu räumen, und damit den Stein der schwarzen Bürgerrechtsbewegungen ins Rollen brachte.

Das erste Modellsitzen dauert einige Stunden. Die passende Pose ist, wie erwähnt, bald gefunden. Neel ist eine schnelle Malerin mit hohem Output. Sie beginnt, die Skizze zu präzisieren, mit dem Pinsel malt sie bereits die Konturen nach und der Kopf und die stützende Hand werden koloriert. Wir sehen einen jungen Mann, dessen Blick fast abwesend wirkt, verständlich, denn bald wird sich das Leben des Mannes grundlegend ändern. Fast scheint es so, als wäre er gar nicht mehr richtig bei der Sache gewesen. Am Ende des ersten Arbeitstages verabschiedet sich Hunter von Neel. Die zweite Sitzung wird in fünf Tagen fixiert. Man verabschiedet sich mit einem Händedruck. Für die nächsten Tage hat Neel weitere Modelle von der Straße zu sich eingeladen.

Aber fünf Tage später wartet die Malerin vergeblich auf James Hunter. Niemand erscheint an diesem Tag, den man mündlich vereinbart hatte. Sie hat weder eine genaue Adresse noch eine Telefonnummer von Hunter. Ist er womöglich schon früher einberufen worden? Sitzt er schon im Flieger? Hat er vergessen? Die Malerin sitzt lange vor dem Bild. Natürlich hätte sie das Gesicht, die Ohren, fertigstellen können, aber sie lässt es, und auch die Kleidung bleibt Skizze, denn je länger Neel das Bild betrachtet, desto mehr findet sie, dass das Gemälde in seinem unfertigen Zustand gut zur verworrenen politischen und gesellschaftlichen Situation im Land und auf der Welt passt. Offiziell erklärt Neel das unfertige Bild für fertig, signiert es und lässt es 1974 erstmals öffentlich ausstellen.

Was nun mit James Hunter passiert ist, bleibt bis heute ein seltsames Mysterium. Dass er in Vietnam gestorben ist, scheint unwahrscheinlich, denn sein Name taucht nicht auf dem großen Vietnam Veterans Memorial sämtlicher gefallener amerikanischer Soldaten in Washington D. C. auf. Auch zahlreiche Bemühungen, ihn ausfindig zu machen, scheiterten. War James Hunter überhaupt sein richtiger Name? Ist er vielleicht weggezogen, nicht nur aus New York, sondern vom Kontinent? Reiste er durch Europa und lebt heute in Frankreich, wo er ein kleines Café besitzt? Hat er vielleicht in Vietnam sein Glück gefunden? Keine dieser Fragen konnte jemals beantwortet werden. James Hunters Verbleib ist ein ungelöstes Rätsel.

Im Jahr 2000, anlässlich von Alice Neels hundertstem Geburtstag, findet im New Yorker Whitney Museum of American Art eine große Werkschau der Künstlerin statt, bei der auch *James Hunter Black Draftee* nicht fehlen darf. Der Kurator Randall Griffey sagt dabei über das Bild und James Hunter: »Man hat das Gefühl, dass er sich einfach in Luft aufgelöst hat.« Griffey empfindet es nicht als Makel, dass das Gemälde unvollendet ist, sondern sieht darin den eigentlichen Charakter des Bildes. Unkomplett komplett also.

8

Natalie Hollands *Blade Runner*

Steckbrief

Werk: Blade Runner (Porträt von Oscar Pistorius)
Jahr der Unvollendung: 2013
Urheberin: Natalie Holland (*1962)

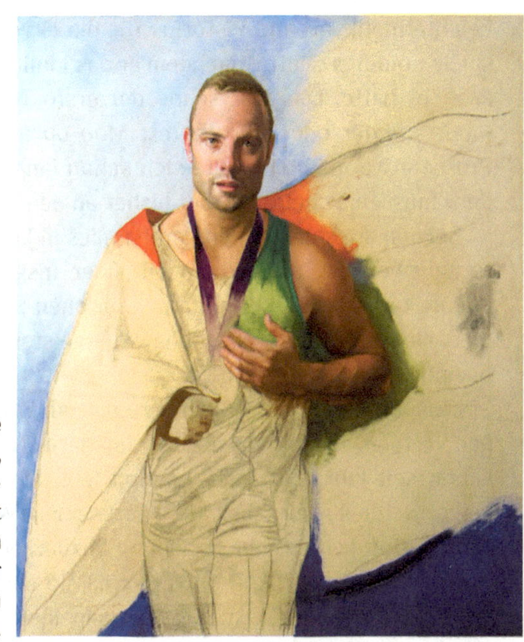

Abb. 16: Natalie Hollands Gemälde, das niemals vollendet wurde. Es zeigt Oscar Pistorius am Höhepunkt seiner Karriere mit dem olympischen Gold.

Es ist ein wirklich historisches Ereignis, das hunderte Millionen Menschen über den ganzen Globus verstreut am 10. August 2012 zu sehen bekommen. Die 4-x-400-Meter-Staffel steht an und 36 Herren laufen im Londoner Leichtathletikstadion um olympisches Gold, und dennoch sind alle Blicke nur auf einen gerichtet: Oscar Pistorius. Der Südafrikaner ist seit seinem ersten Lebensjahr beinamputiert und läuft seit Jahren mit speziellen Unterschenkelprothesen der Konkurrenz bei den Paralympics davon, und nun erhält er die Chance, sich auch bei den Olympischen Spielen zu messen. Man hofft, dass es ein Happy End gibt und der südafrikanischen Staffel gegen die favorisierten Amerikaner eine Überraschung gelingt. Am Ende bleibt die aber aus. Oscar Pistorius und seine drei Kollegen kommen als Achte ins Ziel, dennoch gibt er ein Interview nach dem anderen. Schlagworte wie »Inspiration«, »Idol«, »Vorbild« oder »Champion« fallen und Südafrika hat einen neuen Sportliebling. Es war schon eine Sensation gewesen, dass der südafrikanische Leichtathletikverband Pistorius für die Olympischen Sommerspiele nominiert hatte, nachdem er das Limit für eine Teilnahme erreicht hatte. Das war schon der erste Teilsieg für ihn. Der *Blade Runner* oder *The Fastest Man on no legs,* wie ihn die Presse etwa nannte, wollte sich schon lange mit den »Gesunden« messen, scheiterte aber bisher an den Zeiten.

Bei den anschließenden Paralympics in London gewinnt Pistorius zweimal Gold und einmal Silber. Insgesamt gewinnt der Südafrikaner bis 2012 bei Paralympischen Spielen sechs Goldmedaillen und läuft zu sechs Weltmeisterschaftstiteln. Eine beeindruckende Karriere.

Eine, die Pistorius' Karriere zu diesem Zeitpunkt schon länger verfolgt, ist die russische Künstlerin Natalie Holland, die schon seit Jahrzehnten in London lebt. Sie ist fasziniert von seiner Schnelligkeit, aber auch von seinem Willen, trotz seiner Amputation keine Benachteiligung anzuerkennen, also kontaktiert sie den Südafrikaner 2010, weil sie eine Porträtserie mit ihm machen möchte. Oscar Pistorius meldet sich bei ihr, ist sehr geschmeichelt und die beiden treffen einander.

»Es ist mir eine große Ehre, gemalt zu werden!«, sagt er. Holland: »Er war sehr höflich und nett und relaxt und hatte kein Problem damit, vor mir aus den Prothesen zu schlüpfen, auch wenn er sagte, dass er sich dann verletzlich fühle.« Zwei Porträts entstehen. Einmal Pistorius, der seine Prothesen, »Blades« genannt, trägt und läuft, also in Action sozusagen, und einmal

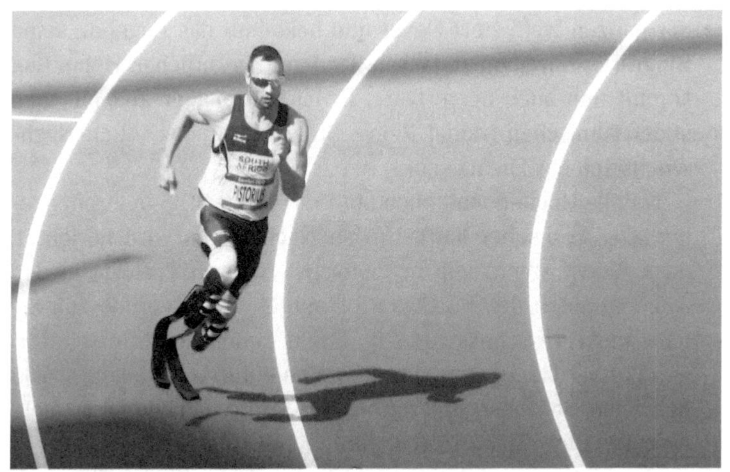

Abb. 17: Als sogenannter Blade Runner ist Oscar Pistorius, der seiner Behinderung zum Trotz Höchstleistungen erbringt, für viele Menschen eine Inspiration.

ohne Prothesen, auf dem Sofa sitzend. Quasi gleich der Metamorphose von Superman zu Clark Kent. »Die Verwandlung war wirklich unglaublich!«, meint die Malerin rückblickend. Pistorius wirkt plötzlich angreifbar, nicht mehr wie der kräftige, energiestrotzende Athlet.

Nachdem er zu seinem Olympiatriumph läuft, kommt Holland ein weiteres Gemäldemotiv in den Sinn: der Sprinter mit der Goldmedaille und der südafrikanischen Flagge um die Schultern. Das südafrikanische Sportministerium meldet sich, als Natalie Holland ihre Idee offiziell macht, und möchte das Bild ankaufen, sobald es fertig ist. Oscar Pistorius muss dieses Mal nicht Modell stehen. Holland hat genug Bilder aus den diversen Zeitungen und Magazinen gesammelt. Sie beginnt ihre Arbeit daran Ende September 2012. Ihre ältere Gemäldeserie gewinnt zwischenzeitlich immer mehr Interesse von den Galerien. Auch Holland profitiert vom Höhenflug Pistorius'.

Der schnellste Mann auf Prothesen wird derweil immer mehr zum Medienstar. Er gibt Interviews für Fernsehsender aus der ganzen Welt, ziert Cover und bekommt das Angebot, seine Biografie schreiben zu lassen. Und zum beruflichen Höhenflug kommt nun auch der private. Er ist seit einiger Zeit mit dem südafrikanischen Model Reeva Steenkamp liiert. Auch Nachwuchs soll ein Thema sein.

Natalie Holland malt auch am 15. Februar 2013 in ihrem Atelier. Der Fernseher läuft. In den Nachrichten wird berichtet, dass Reeva Steenkamp in Pistorius' Haus in Pretoria in den Abendstunden des Vortages tot aufgefunden worden sei. Sie habe mehrere Schusswunden und ihr Lebensgefährte sei dringend tatverdächtig. Ein Mord – am Valentinstag. Holland stockt der Atem, der Pinsel fällt ihr aus der Hand. »Ich konnte es nicht glauben! Diese Nachrichten waren niederschmetternd!«

Die Malerin verfolgt nun die Geschehnisse jeden Tag. Eine Woche, nachdem Pistorius inhaftiert wurde, kommt er gegen eine Kaution wieder frei. Holland ist hin und her gerissen. Sie möchte zwar an seine Unschuld glauben, aber die Beweise gegen ihn sind erdrückend. Und Pistorius sagt schon bald aus, dass er die Schüsse abgefeuert habe, allerdings im Glauben, es handle sich um einen Einbrecher. Man fand Steenkamps Leiche im Badezimmer, wo sie sich höchstwahrscheinlich eingeschlossen hatte, und schon bald glaubt man Pistorius' Einbrechergeschichte nicht mehr, sondern vermutet einen Beziehungsstreit, der tragisch eskalierte.

Es wird nun auch bekannt, dass Pistorius bereits einige Wochen vor dem Mord in einem Restaurant in Johannesburg eine Waffe abgefeuert hatte. Er soll anschließend einen Freund gebeten zu haben, die Tat auf sich zu nehmen, da er, Pistorius, keine negativen Schlagzeilen wollte.

Im Sommer 2013 kommt es zum Prozess gegen den Läufer, und Natalie Holland wird in dieser Zeit oft gefragt, ob sie ihr Gemälde noch zu Ende malen und ob sie es anschließend verkaufen würde. »Ich will keinen Profit daraus schlagen! [...] Als ich zu malen begann, standen die Dinge ganz anders als jetzt. Das Gemälde ist nun nicht mehr das Gleiche für mich«, meint Holland daraufhin. Sie zeigt sich schockiert über die Tat und solidarisch mit Steenkamps Eltern. »Ich habe selbst eine

Tochter und ich kann nur zu gut nachempfinden, wie sich die Familie fühlen muss.«

2015 stellt Holland ihren »unfertigen Blade Runner« in der Zebra One Gallery im englischen Hampstead aus – verkaufen kommt aber nicht infrage für sie. Das Gemälde bleibt unvollendet und Holland stellt auch klar, warum: »Es ist nun wie eine Art Zeugnis der Geschichte um Pistorius. In einer Sekunde des Wahns hat er seinen ganzen Glanz verloren!«

Oscar Pistorius wird zu fünfzehn Jahren Gefängnis verurteilt und seine bisher so ruhmreiche Karriere ist dahin. Hollands Bild ist in seiner Unfertigkeit so gesehen wirklich ein Zeugnis davon. Auf dem Höhepunkt folgt die Zäsur, die alles verändert. Für immer.

Architektur

9

Schottland und die Sache mit dem National Monument

Steckbrief

Werk: National Monument
Jahr der Unvollendung: 1829
Urheber: Lord Elgin (1766–1841)

Mit Schottland verbindet man wunderschöne grüne Highlands und die Menschen dort: eine kernige Gastfreundschaft, einen leichten Hang zum etwas härteren Alkohol, eine Rugby-Verliebtheit und angeborene Knauserigkeit. Das liebe Geld spielt auch die zentrale Rolle in der Geschichte, rund um das Nationalmonument des Landes. Es hätte alles so schön sein können: Als »Athen des Nordens« hätte man Schottland bezeichnen sollen, wenn das Bauwerk, um das es sich nun drehen wird, fertiggestellt worden wäre.

Jedes Jahr, zumindest wenn gerade keine Pandemie den Tourismus lahmlegt, pilgern tausende Touristinnen und Touristen zum Calton Hill in Edinburgh, um das National Monument, das einige Bewohnerinnen und Bewohner der schottischen Hauptstadt heute noch wenig schmeichelhaft als »Schande von Edinburgh« bezeichnen, zu besuchen. Denn die Geschichte rund um das unvollendete Monument ist, naja sagen wir, speziell.

Sie beginnt 1815. Endlich haben Napoleons Feldzüge und Kriege in ganz Europa ein Ende gefunden. Der Kaiser der Franzosen wird ins Exil geschickt und beim Wiener Kongress wird über die Neuordnung Europas verhandelt – nebst dekadenten Trinkgelagen und Feiern, da wird in London der Ruf laut, den tausenden von britischen gefallenen Soldaten der Napoleonischen Kriege ein Andenken zu widmen. Und weil ja nicht jeder auf der britischen Insel so einfach nach London reisen konnte, soll es, so der Plan, auch Monumente im irischen Dublin und im schottischen Edinburgh geben. Die Highland Society of Scotland ist die treibende Kraft hinter der Verwirklichung des Monuments. Und natürlich spielt auch ein wenig der schottische Stolz mit. Warum denn ins englische London reisen, wenn die Schotten selbst ein noch schöneres Monument bauen können? Ende 1816 tagt das Komitee und ist voller Tatendrang. Doch dann werden die motivierten Schottinnen und Schotten jäh gebremst.

Die britische Regierung macht schon bald klar, dass für die Errichtung des Monuments keine öffentlichen Gelder zur Verfügung stehen werden. Das National Monument Committee in Edinburgh ist verzweifelt. Es verstreicht ein Jahr. Ohne finanzielle Unterstützung ist das ganze Vorhaben schon vor dem Beginn zum Scheitern verdammt, da kommt einem der Komiteemitglieder eine zündende Idee: Seit 1818 gibt es in Großbritannien den sogenannten Church Building Act – dieser sagt eine finanzielle Unterstützung beim Bau von Kirchen im ganzen Land zu, genauer: eine Geldspritze von 10.000 Pfund. Die Idee, diesen Topf zu nutzen, indem eine Kirche anstelle eines schlichten Monuments gebaut wird, ist gut, sehr gut sogar, aber man kann sich schlichtweg nicht auf ein Erscheinungsbild der Kirche einigen und somit wird der Plan verworfen. Also zurück an den Anfang.

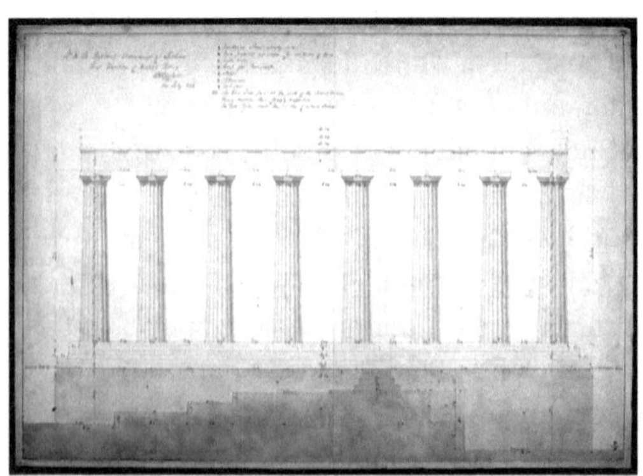

Abb. 18: Zeichnung der Vorderansicht des westlichen Portikus des National Monument of Scotland, von William Henry Playfair, datiert 1826.

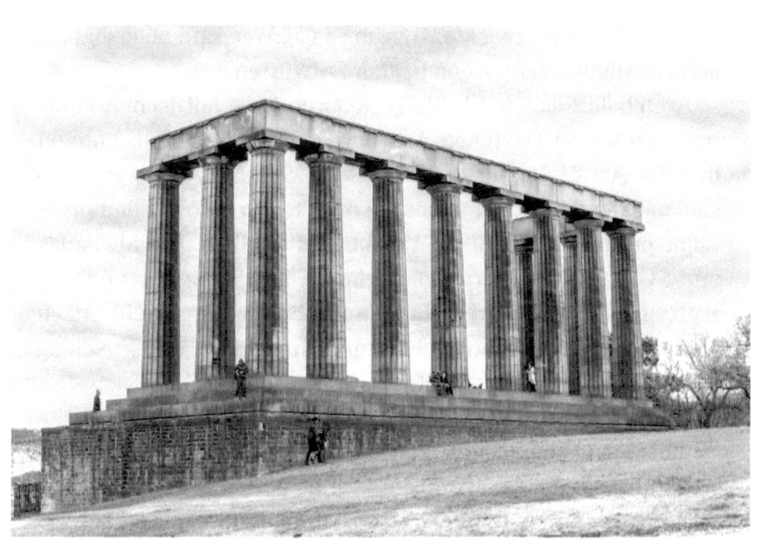

Abb. 19: Das National Monument auf Calton Hill heute.

Das Komitee ruft nun einen Wettbewerb für ein Baukonzept aus. Der Siegerbeitrag soll realisiert werden. Alsbald stehen die beiden besten Entwürfe fest: Archibald Elliots Kirche im Stil des Pantheons in Rom und Lord Elgins (mit ganzem Namen, nobel: Thomas Bruce, 7th Earl of Elgin) Faksimile des Athener Parthenon. Beide Entwürfe orientieren sich also an der antiken Architektur.

Der Klassizismus, in welchem die Nachahmung antiker Architektur en vogue war, ist zwischen 1770 und der Mitte des 19. Jahrhunderts ein überaus beliebter Baustil, vor allem in Europa. Die Entscheidung, welcher der beiden Entwürfe nun gewinnen soll, wird zum Politikum. Zwei Lager bilden sich. Die einen finden die Kirchenidee nach wie vor die beste Wahl, die anderen meinen, dass eine Kirche unmöglich auch die angestrebte militärische Komponente im Monument widerspiegeln könne, denn das Monument ist ja schließlich auch als Versammlungsort politisch-militärischer Natur vorgesehen.

So weit die verzwickte Ausgangslage. Wer sind aber eigentlich die Männer hinter den beiden Entwürfen?

Archibald Elliot (1761–1823), geboren im schottischen Fünfhundert-Seelen-Dörfchen Ancrum, erarbeitete sich in London den Ruf eines talentierten Architekten. Später hatte er gemeinsam mit seinem Bruder James ein Architekturbüro in Edinburgh. Elliot prägte das Stadtbild Edinburghs deutlich. Die St. Paul's and St. George's Church, die schmale Regent Bridge und den Waterloo Place entwarf er. Er konnte sich mit diesen Referenzen also durchaus berechtigte Hoffnungen machen, den Zuschlag für das Monument zu erhalten.

Lord Elgin (1766–1841) arbeitete seit 1799 als Gesandter beim Sultan des Osmanischen Reiches. Recht bald, nachdem er in Konstantinopel ankam, erkrankte er an einer mysteriösen Seuche, die ihn einen Teil der Nase kostete. Seine junge Ehefrau, die er nur heiratete, um beim Sultan arbeiten zu können (die Ehe war die Auflage) fand nun noch weniger Gefallen an ihm als zuvor schon. Also stürzte sich Elgin mit Zustimmung des Sultans in archäologische Grabungen in der heutigen Türkei. Aber entgegen der Absprachen beschränkte er sich dabei nicht auf die wissenschaftliche Untersuchung und die Fertigung von Abgüssen der Funde, sondern brachte Tonnen von Kunstschätzen außer Landes und bereicherte, soweit sie nicht beim Transport übers Meer untergingen, so seine private Kunstsammlung. Das unbestrittene Prunkstück seiner Sammlung waren die Marmorskulpturen des Parthenon-Tempels, die sich auf der Akropolis der damals von den Türken besetzten Stadt Athen befunden hatten. Sein Vorgehen wurde schon von vielen Zeitgenossen kritisiert, und man nennt den Raub von kostbaren Kulturgütern seither oft »Elginismus«. Elgin erntete also Spott und Hohn und verlor durch seine Aktionen einen überwiegenden Teil seines Vermögens – er musste nachträglich finanzielle Kompensation leisten – und zuletzt auch seine Ehefrau, die sich mit ihrem Liebhaber auf und davon machte. Um sich finanziell etwas zu erholen, bot er dem Britischen Museum in London die Marmorstatuen 1814 zum Kauf an. Die Museumsverwaltung zögerte einige Wochen lang, dann entschied man sich aber doch dafür die Marmorskulpturen für 35.000 Pfund zu erwerben.

Ja, aber es ist wie erwähnt alles ein Politikum. Während die Partei der Tories sich für Elliot stark macht, will die Whigs-Partei Elgins Parthenon-Kopie, weil diese ihrer Meinung das »Symbol eines zivilisierten Schottlands« wäre. Elgin ist ein Verfechter der antiken Baukunst und möchte diese nun unbedingt auch in schottischen Gefilden salonfähig machen. Er genießt zwar nicht den besten Ruf, hofft aber, sich mit seinem Vorschlag rehabilitieren zu können. Elgin ist kein Architekt, nein, er möchte ein Ein-zu-eins-Parthenon-Faksimile, ohne irgendeine individuelle, kreative Note beizufügen.

Aber als schließlich Archibald Elliots Pantheon-Entwurf doch gewinnt, beginnen die Whigs ein Jahr lang mit den wüstesten Attacken gegen den Architekten und die Entscheidung der Jury. Im Sommer 1821 erhält in einer neuen Wahl dann allerdings das Edinburgher Parthenon den Zuschlag. Archibald Elliot setzt die ganze Debatte gehörig zu. Er stirbt keine fünfzehn Monate später.

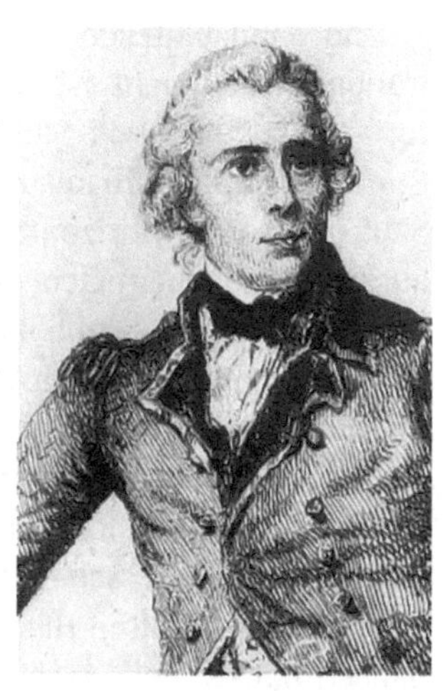

Abb. 20: Lord Elgin, um 1790, noch mit Nase.

Als Ort für den Bau soll Calton Hill dienen, von wo man einen schönen Blick auf die Stadt hat. Lord Elgin ernennt ein Architektenteam rund um Charles Cockerell und Henry Playfair. Beide Männer haben den Baustil der Antike lange Jahre studiert. Alles scheint auf Schiene.

Im Januar 1822 werden die Bauarbeiten angekündigt. Offiziell steht ein Budget von 42.000 Pfund zur Verfügung, inoffiziell wird dem Bauteam aber gesagt, dass 16.000 Pfund in keinem Fall überschritten werden sollen. Ein nicht so unbeträchtlicher Unterschied. Wie auch immer. Keinen scheint diese Ankündigung zu stören, vielmehr ist man froh, dass es endlich losgeht mit dem Bau. Es ist geplant, dass das Monument unterirdisch auch Katakomben besitzen soll, quasi als schottische Antwort auf die Westminster Abbey. Ganz offiziell und mit der damit verbundenen öffentlichen Aufmerksamkeit, soll König George IV. symbolisch den Baubeginn eröffnen. Er reist auch nach Schottland, entscheidet sich dann aber, viel lieber mit einer Reihe schottischer Nobelmänner auf die Jagd zu gehen. Man muss also ohne den Segen des Königs auskommen. Das Volk ist nach all dem Hin und Her nur noch wenig enthusiastisch, und so beginnen die Bauarbeiten ohne großes Trara. Das Baumaterial ist Stein aus der schottischen Region Craigleith, den zwölf Pferde und siebzig Männer den Berg hinauftragen müssen.

Und dann plötzlich, wir schreiben das Jahr 1829 und das National Monument ist noch nicht einmal in Ansätzen fertig – es stehen zwölf Säulen dorischer Ordnung, die oberste Stufe des Stufenaufbaus und der Architrav, das ist der auf den Säulen ruhende Horizontalbalken –, geht das Geld endgültig aus. Katzenjammer macht sich breit. Man versucht noch alles in der Macht Stehende, um das Monument, das einst als Meisterwerk für die Ewigkeit geplant war, zu retten, doch vergeblich. Es ist undenkbar, mit den Finanzen, die man zur Verfügung hat, das Nationalmonument fertigzustellen. Und so bleibt das Bauwerk unvollendet und irgendwann, wie das eben immer so ist, gewöhnen sich die Schottinnen und Schotten an das unfertige Monument auf Calton Hill. Im Laufe der fast zweihundert Jahre danach hat es viele Architekten gegeben, die bereit gewesen wären, denn Geld wäre nun da, das architektonische Fragment zu vollenden, aber die klare Mehrheit Edinburgher Bürger und Bürgerinnen sind dagegen. Alles soll so bleiben, wie es ist, denn mittlerweile ist der Makel ein Markenzeichen geworden.

10

Gaudís Sagrada Família

Steckbrief

Werk: Sagrada Família

Jahr der Unvollendung: kein offizielles. Es wird nach wie vor gebaut.

Urheber: Antoni Gaudí (1852–1926)

Es ist der 8. Juni 1926. Antoni Gaudí, der renommierte Architekt, flaniert wie fast jeden Tag zum Oratorium des heiligen Philipp Neri. Dort holt er sich gerne geistlichen Rat, betet und tankt Kraft. Gaudí ist zwar ein großer Architekt, der viele Bauwerke weltweit konzipiert hat und nun in Barcelona sein großes Herzensprojekt, eine monumentale Kirche erbauen lässt, aber er ist nicht eitel. Er ist ein Mann des Volkes, liebt sein zerschlissenes Hemd und seine alte, abgewetzte Lieblingshose und lässt seinen Vollbart wuchern. Vielleicht ist er in Gedanken versunken und sieht deshalb nicht auf, als er die Straße überquert, vielleicht ist er abgelenkt – es bleibt unklar, jedenfalls geht alles sehr schnell. Nur wenige Augenblicke und der Architekt wird von einer herannahenden Straßenbahn, die in Barcelona seit 1901 fährt, erfasst. Gaudí wird durch die enorme Wucht zu Boden geworfen, ächzt schmerzgeplagt, dann bleibt er liegen. Antoni Gaudí ist schwer verletzt. Sofort eilen einige Passanten herbei, auch aus der Straßenbahn steigen Fahrgäste aus. Niemand erkennt den Architekten.

Er müsste so rasch wie möglich in ein Krankenhaus gebracht werden, doch die Taxifahrer, die auf Kunden warten, weigern sich, den Verletzten, der keinerlei Ausweispapiere bei sich trägt, mitzunehmen. Sie denken, dass er ein Obdachloser sei und einerseits die wertvolle Autoausstattung »besudeln« und andererseits auch den Fahrpreis nicht bezahlen könnte. Und so wird Gaudí in das nahe gelegene Armenspital Hospital de la Santa Creu gebracht.

Dort liegt er nun, drei Tage. Die Verletzungen sind gravierend, aber er ist bei Bewusstsein. Niemand erkennt den Architekten, bis schließlich sein guter Freund und enger Vertrauter Doménech Sugranyes, der Gaudí tagelang gesucht hatte, aufspürt.

Zu diesem Zeitpunkt ist der Architekt seit über 42 Jahren mit dem Bau eines außergewöhnlichen Sakralbaus beschäftigt, der zwar so groß wie eine Kathedrale ist, aber keine ist, weil die Sagrada Família keinen Bischof hat. »Mein Klient hat keine Eile!«, antwortet Gaudí gerne, wenn er darauf angesprochen wird, wann die Kirche denn vollendet sein soll. Für ihn ist es zuletzt klar, dass er das Ende der Bauarbeiten wohl nicht mehr erleben wird, womit er allerdings kein Problem hat. Doch wie kommt es überhaupt zum Bau dieses katalanischen Wahrzeichens?

1882 erteilt der einflussreiche Buchhändler und Philanthrop Josep Maria Bocabella (1815–1892) den Auftrag für den Bau einer Kirche im Herzen Barcelonas. Dazu muss angemerkt werden, dass Bocabella bereits 1866 die *Spirituelle Vereinigung der Gefolgschaft des Heiligen Josef* gründet. Die Mitglieder dieser Vereinigung haben von Beginn an ein Hauptziel: Die Stadt muss eine Kirche bekommen, aber nicht irgendeine Kirche, sondern eine, die der gesamten Heiligen Familie gewidmet ist. In den Folgejahren sammelt die Vereinigung Spenden und 1881 kauft man schließlich mit 172.000 Peseten, was nach heutigen Maßstäben die lächerliche Summe von knapp mehr als 1000 Euro wäre, ein Grundstück, das gut 13.000 Quadratmeter umfasst. Hier soll der Sakralbau entstehen. Auf dem Gelände wird am 19. März 1882 der Grundstein gelegt. Bocabella beauftragt den kompetenten Diözesansarchitekten Francisco de Paula del Villar y Lozano. Geplant ist von Beginn an ein gotisches Erscheinungsbild, aber del Villar ist zwar kompetent, aber er ist nicht sehr kreativ. Seine ersten Pläne sehen eine Kirche vor, die keinerlei Besonderheiten aufweist, was der Fantasie Bocabellas so gar nicht entspricht, indes kommt aus dem Vatikan die Mitteilung, dass Papst Pius IX. und der ganze Kirchenstaat den Bau des Sakralgebäudes begrüßen. Allerdings fließen zu keinem Zeitpunkt Staats- oder Kirchengelder, nein, das Sagrada Família genannte Kirchengebäude wird einzig durch Spendengelder finanziert, mit ein Grund, warum der Bau sich zieht. Bocabella wird vom katalanischen Architekten Joan Martorell (1833–1906) unterstützt, der ebenso meint, dass del Villar nicht der Geeignete für diesen Job ist.

Eines Nachts hat Bocabella dann einen Traum, und in diesem erscheint ihm ein junger Ritter mit leuchtend blauen Augen und rotem Haar, umgeben von einer strahlenden Aura – er sagt später, dass dieser Ritter dem jungen Antoni Gaudí sehr ähnlich sah. Del Villar wird mit seiner Entlassung konfrontiert und auf Empfehlung Martorells erhält der erst 31-jährige Jungarchitekt Gaudí den Auftrag, den Bau zu übernehmen. Gaudí hat noch keinen Namen auf der internationalen Bühne, dafür hat er aber viele Visionen, die den Mitgliedern der *Spirituellen Vereinigung der Gefolgschaft des Heiligen Josef* sehr gefallen. Ihm ist es von Beginn an wichtig, dass die Kirche ein Teil der Umgebung wird. »Ich glaube wie Da Vinci, dass es dekadent ist, sobald der Mensch vergisst, auf die Natur zu schauen.« Dieses Credo verfolgt er auch, als er beschließt, die Natur und ihre Formen mit einzuplanen. So befestigt er etwa eines Tages in seinem Kelleratelier ein Schnurgerüst an der Decke, an dem mit Sand gefüllte Gewichte hängen, um zu sehen, welche natürlichen Bögen die Pendel ziehen. Er wechselt dabei immer die Anzahl der Gewichte, sodass sich natürlich auch die Hängefiguren verändert. Jede neue Form wird akribisch dokumentiert. Aus dieser Inspiration entwirft Gaudí seine Vision der Sagrada Família.

Durch eine hohe Spende, die einkommt, kann der neue Architekt auch sofort zur Tat schreiten. Er beginnt mit dem Bau der Krypta und wirft del Villars Planung vollkommen um – er möchte eine Kirche mit neuen, innovativen Formen und Strukturen schaffen. Das Innere des Sakralbaus ist genau dem nachempfunden, was Gaudí in der Natur sieht.

Ein zeitlicher Sprung nach vorn: 1886. An einem schönen Frühlingstag meint Gaudí, dass er den Sakralbau bis 1906 fertigstellen könnte, sofern er jährlich 360.000 Peseten zur Verfügung gestellt bekäme. Allein schon diese finanzielle Voraussetzung ist enorm, weil sich das Geld ja nur aus Spenden erzielen lässt.

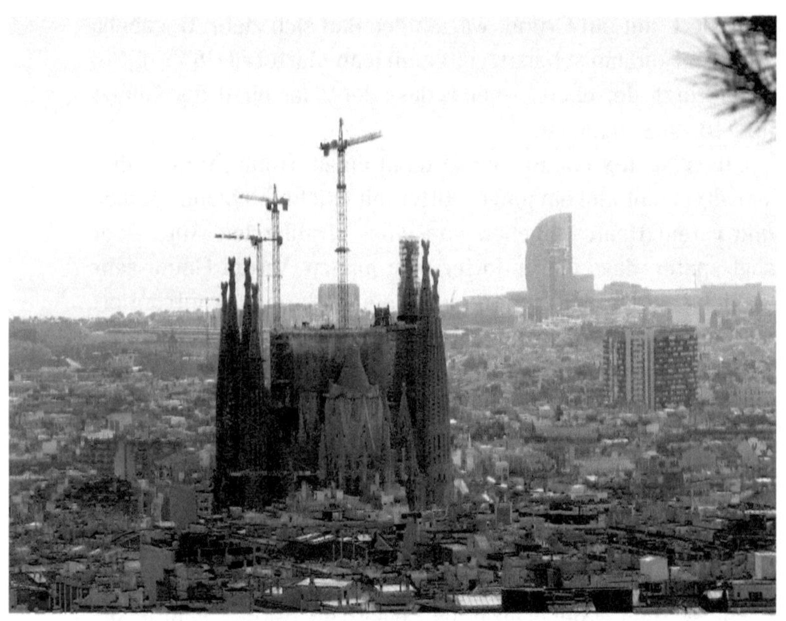

Abb. 21: Majestätisch thront die Sagrada Família über allen anderen Gebäuden der katalanischen Hauptstadt Barcelona. Gerüste und Kräne »schmücken« das unfertige Bauwerk seit jeher.

Dass die Kirche 1906 noch längst nicht fertig ist, man befindet sich da gerade einmal im Bau einer der drei Hauptfassaden, liegt an der Bauweise des Architekten. Sie ist das größte Projekt, das der junge Gaudí jemals realisierte, und zu Beginn des Baus ist der Auftrag für ihn rein berufliches Interesse gewesen, erst mit Fortdauer wird es bei Antoni Gaudí zum Lebensprojekt, zum ganz eigenen Schicksal. Und das Bemerkenswerte: Er plant Dinge, die er dann aber anders realisiert. Gaudí beginnt den Bau der Glockentürme rechteckig, aber es missfällt ihm, dass sie nach seinem Empfinden zu spitz herausragen würden, und so disponiert er um und gestaltet sie noch während des Bauens rund, sodass die Basis anders aussieht als der Rest des jeweiligen Turms. Ein absolutes Novum.

1909 führt Gaudí die nächste Innovation ein. Er lässt eine Schule auf dem Gelände errichten, das Sagrada Família Colegio, in dem nun die Kinder der Bauarbeiter unterrichtet werden, wodurch die Männer nicht so weit weg von ihren Familien arbeiten müssen. Die Schule wird durch Bischof Laguarda eröffnet – alles scheint in geregelten Bahnen zu laufen, da wird Gaudí plötzlich krank. Er erkrankt an Brucellose, einer Infektionskrankheit, bekommt hohes Fieber; immer wieder tritt es in heftigen Schüben auf, zudem nimmt ihn nun der schleppende Baufortschritt mehr mit als früher. Er hat zumeist üble Laune und fühlt sich zu geschwächt, um seine Energie noch in die Sagrada Família zu stecken, also begibt er sich zur Erholung nach Vic, einer Stadt in der Provinz Barcelona. Kaum halbwegs genesen, möchte er wieder zur Tat schreiten, da erleidet er einen schweren Rückfall. Einen so schweren, dass er einen Anwalt kommen lässt. Gaudí diktiert diesem vom Bett aus seinen letzten Willen.

Er überlebt jedoch, dafür sterben in den Jahren, die nun folgen, sämtliche seiner Wegbegleiter, die ihn in irgendeiner Art und Weise beim Bau seiner Sagrada Família unterstützt haben. Gaudí fühlt sich zunehmend einsam. In der katalanischen Hauptstadt ist sein Name zwar jedem ein Begriff, manch einer rollt auch nur die Augen, weil ihm diese Kirche im Herzen Barcelonas gar zu progressiv ist, aber der introvertierte Architekt zeigt sich nicht allzu oft im Getümmel der Metropole.

Im Januar 1925 wird der erste Turm, dem heiligen Barnabas geweiht, vollendet. Gaudí goutiert das mit einem katalanischen »Fa goig!«, was so viel wie »Macht Freude!« heißt. Die Menschen in Barcelona wissen nun längst um die Einzigartigkeit dieses Sakralbaus und dementsprechend weiß man auch schon um die Bedeutung Gaudís als Wegbereiter moderner Architektur. Die Kirche wird sein Vermächtnis, das weiß der Architekt.

Am 8. Juni 1926 ereignet sich dann also der folgenschwere Verkehrsunfall. Der beliebten Legende nach soll Gaudí es abgelehnt haben, in ein anderes Krankenhaus gebracht zu werden, da er sich unter den Armen wohlfühlte. Das ist aber bloß eine nette Legende, denn viel wahrscheinlicher ist, dass es der

Zustand des Schwerverletzten, immerhin war er fast 74, nicht mehr erlaubte, ihn quer durch die Stadt zu fahren. Antoni Gaudí wird aber in ein Privatzimmer verlegt, jetzt wo man weiß, mit wem man es da zu tun hat, und plötzlich sind auch die Ärzte bemüht, ihm die bestmögliche Behandlung angedeihen zu lassen, aber vergeblich. Noch am selben Tag der Verlegung, dem 10. Juni, stirbt er an den Folgen des Unfalls und eine Stadt, ganz Barcelona, ist paralysiert und trauert. Der Künstler Joan Matamala wird beauftragt, die Totenmaske anzufertigen, was er mit großer Demut durchführt. Der Architekt wird am 12. Juni 1926 in einem zwar nicht offiziellen Staatsbegräbnis, aber dennoch mit einem der größten Beerdigungsaufwände, den die Stadt Barcelona bis dato gesehen hatte, zu Grabe getragen. Hunderttausende nehmen Abschied und ein Meer aus frischen Blumen und Kränzen schmückt wochenlang sein Grab.

Als er stirbt, sind gerade einmal vier der geplanten achtzehn Türme des monumentalen Sakralbaus fertig. Im vollendeten Zustand haben dann alle Türme der Sagrada Família ihre Bedeutung. Zwölf von ihnen stehen für die Apostel, vier weitere für die Evangelien, einer für die Jungfrau Maria und der höchste, erraten, für Christus.

Antoni Gaudí bleibt auch im Tod mit seinem Herzensprojekt verbunden. Man begräbt ihn in der Krypta unterhalb der Sagrada Família. Seine Grabplatte liegt zu Füßen einer Marienstatue. Dass er überhaupt dort begaben werden durfte, musste damals von Papst Pius XI. abgesegnet werden, denn Gaudí war kein Geistlicher. Aber die Kirche war nun einmal sein architektonisches Vermächtnis. »Alles an der Sagrada Família ist Vorsehung. Ihr Standort liegt im Zentrum der Stadt Barcelona, in exakt gleicher Entfernung zum Meer und zu den Bergen«, schreibt er einst und es ist wohl tatsächlich einzigartig, dass ein Architekt dermaßen lange und intensiv mit einem Bauwerk verbunden ist, wir sprechen von über vier Jahrzehnten.

Als 1936 der Spanische Bürgerkrieg ausbricht, stagnieren die Arbeiten an dem Bau aus verständlichen Gründen. Eines Tages dringen katalanische Anarchisten in Gaudís Werkstatt, vernichten Dutzende Modelle und legen Feuer in der Krypta. Wichtige

Baumaterialen gehen verloren und auch die Schule wird zerstört und danach nicht wiederaufgebaut, die Kirche selbst wird aber nur geringfügig in Mitleidenschaft gezogen.

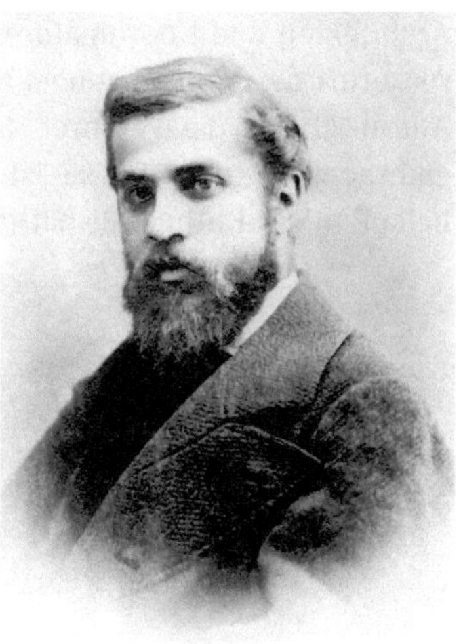

Abb. 22: Antoni Gaudí auf einer zeitgenössischen Fotografie um 1878. Der Architekt ist hier 26 Jahre alt.

1992, als Barcelona Austragungsort der Olympischen Spiele wird, strömen Millionen von Menschen zur Kirche und finanzieren somit einen gesicherten Weiterbau für viele, viele Jahre. Sollte die Sagrada Família tatsächlich in den nächsten Jahren fertiggestellt werden – schon jetzt ist klar, dass es nicht 2026, zu Gaudís hundertstem Todestag zu schaffen sein wird, da die Corona-Pandemie auch dem Weiterbau einen Strich durch die Rechnung machte –, so wird der Riesensakralbau nicht mehr unter die unvollendeten Bauwerke fallen, das ist klar, stattdessen wird die Kirche, die der Schriftsteller George Orwell (1903–1950) einst »eines der hässlichsten Gebäude der Welt« nannte, die größte der Welt sein mit einer Länge von neunzig Metern, einer Höhe von fast 170 Metern, einer Fläche von 4500 Quadratmetern, mit achtzehn Türmen, sieben Seitenkapellen, drei großen Fassaden, einem Chorraum, der rund 1000 Sängerinnen und Sängern Platz bieten kann, und 8000 Sitzplätzen. Die Krypta, wo wie erwähnt auch Gaudís Leichnam liegt, dokumentiert in zahlreichen Zeichnungen, Schriften, Plänen, Modellen und Fotos den Bauprozess. Die Sagrada Família ist mittlerweile UNESCO-Weltkulturerbe und seit 2010, seit der Segnung durch den damaligen Papst Benedikt XVI. dürfen trotz ihrer Unvollkommenheit auch Gottesdienste darin abgehalten werden.

Seit Gaudís Tod wird das Gebäude nach seinen Plänen weitergebaut, dabei gab es über die Jahrzehnte hinweg immer neue

Architekten und Koordinatoren, die den Bau leiteten. Seit Jahren prüft der Vatikan zudem auch Seligsprechungsanträge für Antoni Gaudí, die Verehrer des Architekten mehrmals schon einbrachten – denn für sie ist klar, dass er göttlichen Beistand beim Bau der Kathedrale hatte.

11

Die Christ-Erlöser-Kirche im Kosovo

Steckbrief

Werk: Christ-Erlöser-Kirche
Jahr der Unvollendung: 1999
Urheber: Spasoje Krunić (1939–2020)

Es ist ein kleiner, ja beinahe unscheinbarer Ziegelrohbau, der sich da in der kosovarischen Hauptstadt Pristina befindet. Rechts und links stehen in einiger Entfernung Wohnhäuser. Die Backsteinkathedrale, um die es hier geht, ist auf dem Gelände der Universität Pristina errichtet worden. In der gleichen Straße steht auch die Nationalbibliothek des Kosovo. Etwa 400 Meter weit entfernt befindet sich die Mutter-Teresa-Kathedrale, Manchmal spielen Kinder im unfertigen Sakralbau, manchmal machen Hunde dort ihren Mittagsschlaf oder anderes, eher Sündhaftes. Eine prunkvolle serbisch-orthodoxe Kirche mit Goldkuppeln, so war es geplant, heute ist nur das Kreuz auf der Hauptkuppel vergoldet. Es ist ungewiss, was mit der Kirche, die in der Landessprache Hram Hrista Spasa heißt, in Zukunft passieren wird, denn sie ist ein ewiger Zankapfel im überwiegend muslimischen Kosovo.

Gehen wir zurück ins Jahr 1991. Der serbische Architekt Spasoje Krunić (1939–2020), ein Anhänger der monarchistischen Partei Serbiens, wird vom serbischen Präsidenten Slobodan Milošević (1941–2006) mit einem großen Projekt beauftragt. Er soll eine serbisch-orthodoxe Kathedrale nahe dem Hauptplatz, dem Hasan-Prishtina-Platz, errichten. Krunić macht sich gleich an den Entwurf. Der typische serbo-byzantinische Teil von Kirche und Kirchenplatz soll mit modernen Elementen verbunden werden. Delikat bei der ganzen Sache ist, dass der Auftrag direkt aus Serbiens Hauptstadt Belgrad kommt, niemand in der Region Kosovo, die damals noch nicht unabhängig ist, weiß Bescheid und ist in die Pläne Serbiens eingeweiht, auch nicht das Universitätspersonal, das eines Tages einfach Bauarbeiter aufmarschieren und LKWs heranfahren sieht. Nicht die besten Voraussetzungen, um einen Sakralbau zu errichten. Als im Frühjahr 1995 dann Baumaschinen auffahren, sind die Menschen in der Umgebung mehr als erstaunt. Die Mitarbeiterinnen und Mitarbeiter der Universität sind vor den Kopf gestoßen. Plötzlich ist auf ihrem Gelände eine Baustelle. In Belgrad dagegen freut man sich. Die Kathedrale ist ein Prestigeprojekt. Am Ende der auf vier Jahre anberaumten Bauarbeiten soll die serbisch-orthodoxe Minderheit im Land eine schöne Kirche haben, in der regelmäßige Gottesdienste stattfinden.

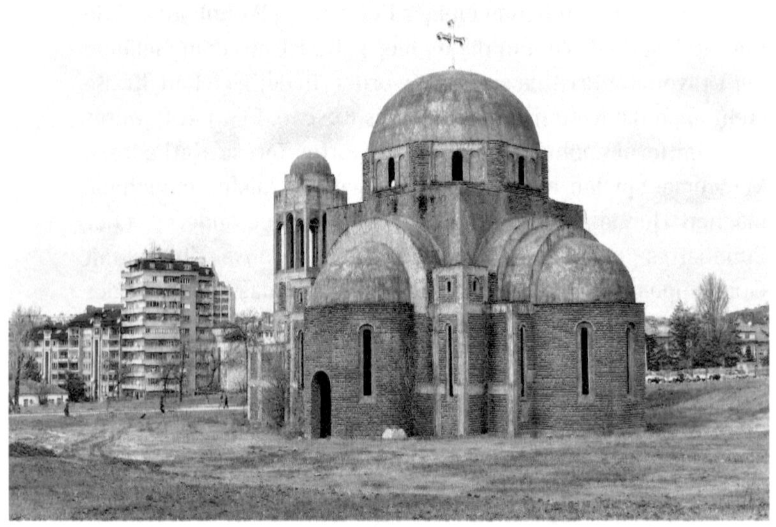

Abb. 23: Die unvollendete Kirche in ihrer heutigen Erscheinung.

Es ist schon damals ein reichlich gewagtes Unternehmen, da es große Konflikte zwischen den überwiegend albanisch-stämmigen Kosovaren, in der Mehrheit Muslime, und der serbischen, meist christlichen Minderheit gibt. In Belgrad herrscht nach wie vor die Realitätsverweigerung – niemand will dort eine

Eskalation des Problems sehen. Währenddessen formiert sich aber im kosovarischen Untergrund eine gefährliche paramilitärische Organisation: die UÇK. Ihr Mitbegründer Adem Jashari wird heute im Kosovo als Held und Märtyrer verehrt.

Während also an der Christ-Erlöser-Kirche, auf serbischen Befehl hin gebaut wird, startet die Untergrundorganisation ihren Kampf. Das Ziel der UÇK ist, einen Zusammenschluss der albanischen Bevölkerung auf jugoslawischem Boden zu erwirken. Und die Organisation hortet Waffen, denn mit Dialog will man diesen Konflikt nicht lösen. Die Waffen werden von Maulesein in Verstecke getragen. Größere Waffen würden die Aufmerksamkeit der Serben erwecken. Anfang 1996 kommt es zu den ersten Anschlägen gegen serbische Polizisten, aber auch Albaner, die mit den Serben kooperieren, sind Ziel des Hasses. Insgesamt ist die UÇK in den beiden Folgejahren für 21 Mordanschläge verantwortlich. Schließlich reicht es der serbischen Regierung. Militär wird in den Kosovo geschickt, um die Untergrundorganisation auszulöschen und die Kontrolle wiederherzustellen. Vom Februar bis zum Oktober 1998 gibt es erbitterte Kämpfe. Währenddessen erhält die Kathedrale in Pristina ihre Kuppel. Am 7. März des Jahres stirbt Adem Jashari bei Kampfhandlungen. Heute trägt der Flughafen von Pristina seinen Namen und ein überwiegender Teil der kosovarischen Bevölkerung bezeichnet ihn als größten »Helden des Kosovo«.

Wir schreiben den 27. Januar 1999, den Gedenktag der Heiligen Sava von Serbien, der Nationalheiligen, da wird an der unfertigen Kirche das massive Goldkreuz angebracht. Und nebenbei geht man mit beispielloser Härte gegen jede noch so leise Kritik im Kosovo vor. Keine zwei Monate später bricht der Kosovokrieg aus. Auf der einen Seite steht die UÇK, jedenfalls das, was von ihr noch übrig ist, unterstützt von einigen tausend NATO-Soldaten, auf der anderen Seite die serbischen Truppen. Die Serben wollen die Kontrolle über den Kosovo nicht abgeben, der Kosovo hingegen will die langersehnte Autonomie.

In Pristina baut nun niemand mehr an der Kirche. Vollkommen verwaist steht der unfertige Rohbau da und an seinem Erscheinungsbild sollte sich seither nichts mehr ändern. Im Juni

1999 zieht sich das serbische Militär zurück. Im Kosovo wird der Sieg gefeiert. Die NATO und die UNO bestehen auf einer Auflösung der UÇK, was auch passiert. Neun Jahre ziehen nun die NATO-Truppen durchs Land und sorgen dafür, dass sich keine serbischen Soldaten der Region nähern. 2008 wird der Kosovo unabhängig, auch wenn Serbien und Russland das bis heute nicht anerkennen.

Im Juni 2021 an Christi Himmelfahrt und von großen Protesten begleitet, findet die erste Messe in der geweihten, aber unvollendeten Kathedrale statt. Ein Handvoll Menschen sind anwesend. Der serbische Bischof Teodosije, der 2010 zum neuen Bischof von Raška-Prizren, der zweitgrößten Stadt des Kosovo, ernannt worden ist, und der Pfarrer Stanisa Arsic führen durch den Gottesdienst. Der Bischof spricht, etwas weltfern, dabei auch den unfertigen Zustand des Gebetshauses an und zeigt sich sicher, dass die Kathedrale in naher Zukunft doch noch vollendet werden kann:

> [...] von diesem Ort senden wir eine Botschaft der Liebe und des Friedens an alle, unabhängig davon, wer diese Menschen sind und was ihre Absichten sind. Indem wir heute in diesem Tempel dienen, geben wir Zeugnis dafür, wer wir sind, wer wir waren und was wir in Zukunft sein sollten. Wir bezeugen, dass wir unsere Heiligen niemals aufgeben werden und dass sie zu uns gehören und das Pfand unseres ewigen Lebens sind. Obwohl wir heute in kleiner Zahl versammelt sind, sind wir der Same für einige zukünftige Christen und einige bessere Zeiten, wenn dieser Tempel fertiggestellt und mit Gläubigen gefüllt wird.

Nur einen Tag, nachdem der Gottesdienst stattgefunden hat, ziert ein riesiges rotes Grafitti das verschlossene Tor der Kirche. »Jesus hates Serbs«, also »Jesus hasst Serben«, steht da und noch allerlei andere deftige Sprüche.

Ein Jahr später, im Juni 2022, es ist wieder Christi Himmelfahrt, hindert die kosovarische Polizei Pfarrer Arsic daran, die Kirche für einen neuerlichen Gottesdienst zu nutzen. Der Pfarrer sagt wenig später über den Vorfall: »Obwohl sie Albanisch sprachen, was ich nicht sehr gut verstehe, wurde mir klar, dass sie uns nicht erlauben würden, die Kirche aufzuschließen.«

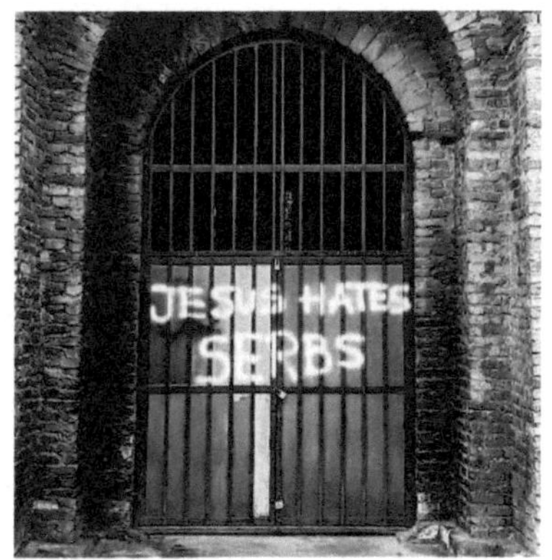

Abb. 24: Vandalen-Grafitti nach dem ersten Gottesdienst seit dem Baustopp 1999.

Schon kurze Zeit später kommt eine scharfe Verurteilung aus Belgrad. Der Kosovo respektiere die Religionsfreiheit nicht, heißt es von dort. Und es wird einmal mehr klar, welch einen großen Keil dieses Bauwerk auch nach über zwanzig Jahren, die der Krieg nun zurückliegt, noch zwischen die verfeindeten Bevölkerungsteile treibt.

Was mit der Kirche passieren wird, ist unklar. Die Stadtverwaltung Pristinas sagt, dass sie Eigentum der Universität sei, weil sie auf deren Areal liegt. Und von dieser Seite würde man die Kirche gerne abreißen, vielleicht anschließend ein neues universitäres Institutsgebäude bauen. Dagegen lehnt sich die Eparchie Raszien-Prizren auf, die meint, dass das Gotteshaus der serbisch-orthodoxen Kirche gehöre und nicht angerührt werden dürfe. Religiöses Grundrecht quasi. Also alles auf Anfang. Eine Lösung kann nicht gefunden werden, ohne, dass eine der beiden Seiten sich benachteiligt fühlen würde.

12

Das Ryugyŏng-Hotel – Nordkoreas Waterloo

Steckbrief

Werk: Ryugyŏng-Hotel
Jahr der Unvollendung: unklar
Urheber: Nordkoreanisches Regime/Baikdoosan Architects & Engineers

Die nordkoreanische Diktatur ist vieles, aber am meisten wohl realitätsfern, denn wie sollte man es sich sonst erklären, dass ausgerechnet im meistisolierten Land dieser Erde, eines der höchstambitionierten Hotelprojekte der letzten Jahrzehnte entstehen sollte?

Angeblich soll das pyramidenförmige Ryugyŏng-Hotel, das im 75-Grad-Winkel spitz zusammenläuft, sogar aus dem All sichtbar sein mit seinen 337 Metern Höhe, was jedoch recht unwahrscheinlich ist. Fest steht aber, dass der Bau des Riesenhotels 1987 als Prestigeprojekt unter den wachsamen Augen des Langzeitdiktators Kim Il-sung, Großvater des heutigen Machthabers Kim Jong-un begann. Das junge, lokale Architektenbüro Baikdoosan Architects & Engineers, das zuvor noch kein einziges Gebäude errichtet hatte, wurde mit der Planung dieses Großprojekts beauftragt. Ryugyŏng, so der alte Name von Pjöngjang, sollte die Macht der Diktatur repräsentieren. Wie immer, wenn ein Diktator seine Macht zeigen will, tut er das mit vollkommenem Gigantismus. Das nordkoreanische Regime denkt nämlich, dass die Augen der Welt quasi ständig beobachten, was im isolierten Land vor sich gehe, und das Ausland dann vor Neid erblasse. Alternative Wahrheit eben. Doch nach wenigen Jahren geht 1993 bereits das Geld aus. Warum? Der wichtigste Geldgeber, nämlich die Sowjetunion, ist auseinandergebrochen. Eine Katastrophe für die kommunistische Diktatur. Bis dahin hat der Bau umgerechnet

750 Millionen Dollar gekostet. Und somit passiert lange gar nichts mehr an dem Projekt.

Dabei hatte das nordkoreanische Regime es sich so schön vorgestellt. Damals, Ende der 1980er Jahre, als die Welt nach Südkorea blickte, weil dort 1988 die Olympischen Sommerspiele stattfinden würden, kündigte man in Pjöngjang an, dass das bis dato größte Hotel der Welt gebaut werden sollte. Eine Megapyramide mit tausenden Zimmern. Sie sollte, obwohl das ein mehr als optimistischer Plan war, innerhalb von zwei Jahren fertig gebaut sein, denn Nordkoreas Hauptstadt ist 1989 Austragungsort der links- und kommunistisch gefärbten Weltfestspiele der Jugend und Studenten, quasi das Gegengroßereignis zu den kapitalistischen Olympischen Spielen. Die rund 10.000 Teilnehmerinnen und Teilnehmer aus 177 Ländern hätten im hypermodernen Ryugyŏng-Hotel einquartiert werden sollen, aber daraus wurde nichts. Der Monumentalbau ist noch nicht fertig, die Kosten schon viel zu hoch, das Geld kaum vorhanden, aber das erfährt das Volk naturgemäß nicht. Vonseiten des

Abb. 25: Durchaus beeindruckend streckt sich das Ryugyŏng-Hotel gen Himmel.

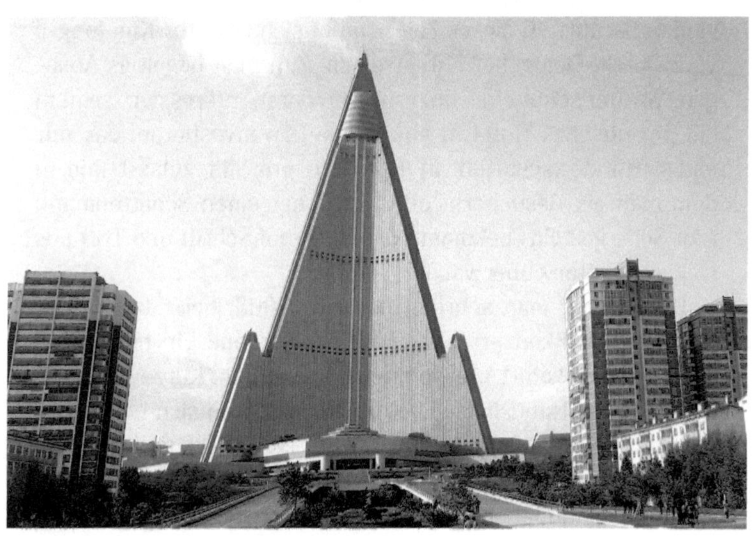

Regimes hofft man jedoch, dass das Riesenhotel dann wenigstens bis zum Beginn des neuen Jahrzehnts, also Anfang der 1990er fertig wird, und dann verschiebt sich die Fertigstellung immer weiter nach hinten.

Das Ungetüm steht als riesiges Betongerippe in der Gegend. 360.000 Quadratmeter Nutzfläche, 3000 Zimmer, 105 Etagen und fünf sich im Uhrzeigersinn drehende Restaurants, moderne Casinos, Nachtclubs und trendige Lounges, dazu in der Spitze allein fünfzehn Stockwerke, von denen sich acht ebenso drehen, das alles ist im Inneren des Hotels in Ansätzen da, aber unterm Strich ist das Riesenhotel nun – und das sehr lange – der Schandfleck des so stolzen Landes. Touristen wird untersagt, Fotos zu machen. Die Bevölkerung ist gut abgerichtet, sodass das Ryugyŏng bald ihr toter Winkel ist. Kritik gibt es keine offizielle, vielmehr ist man stolz, dass das Land bald das größte Hotel der Welt haben würde, wann, das sei nebensächlich. Als Kim Il-sung 1994 stirbt, ist das Land erst einmal in kollektiver Trauer. Der Diktator leitete fast fünfzig Jahre die Geschicke des Landes und isolierte es vom Rest der Welt. Sein Sohn Kim Jong-il perfektionierte diesen Kurs bekanntlich. Das »Hotel der Verdammnis«, wie die internationale Presse das Ryugyŏng mittlerweile nennt, steht insgesamt sechzehn Jahre lang unberührt. In dieser Zeit bemüht sich Diktator Kim Jong-il verzweifelt, Geldgeber aufzutreiben. Zunächst hagelt es Absagen. Warum sollte ein Konzern auch daran interessiert sein, in ein gigantisches Hotel in einem Land zu investieren, das nur einige Hundertschaften an Touristen pro Jahr zulässt und in dem man als Besucherin oder Besucher einen Schattenmann »zur Seite gestellt« bekommt, der einen auf Schritt und Tritt aus sicherer Distanz überwacht?

Doch dann, man schreibt das Jahr 2008, beißt tatsächlich noch ein Großkonzern an: Orascom Telecom. Ein milliardenschweres Telekom-Unternehmen aus Ägypten. Kurze Verhandlungen, dann Handshake. Die Ägypter erklären sich bereit, das Hotel weiterzubauen, und Kim Jong-il ist einverstanden damit, dass die Nordafrikaner im Gegenzug sein gesamtes Land mit einem umspannenden Mobilnetz versorgen. Bis dahin waren nur rund zwanzig Prozent Nordkoreas am Netz angebunden – nun sollten es neunzig, wenn nicht sogar hundert Prozent werden. Für Orascom macht man sogar eine Ausnahme: Werbung ist jetzt erlaubt, ja, ausdrücklich erwünscht, und man feiert den Weiterbau am Riesenhotel groß und achtet dabei genau darauf, dass die übrige Welt davon mitbekommt. Nachdem jetzt fast das ganze Land online sein kann, wird es sogar toleriert, dass das eine oder andere Bild des weitergebauten Hotels in westlichen Medien erscheint. Gekonnte Propaganda.

Das Hotel bekommt nun eine Glas- und Metallfassade, die sich die Ägypter rund 180 Millionen Dollar kosten lassen. Aus dem Betongerüst wird eine futuristische Pyramide, die den Rest der Hauptstadt Pjöngjang überragt. 2011 endet jedoch die Zusammenarbeit von Orascom und dem Regime, die genauen Gründe dafür sind unklar. Das Ryugyŏng-Hotel ist fertig. Naja, die Außenfassade ist es, und eine Innenansicht wird nur ungern gewährt. 2011 stirbt Kim Jong-il und somit der Nächste, der das Projekt nicht beenden kann. Schließlich kommt also Kim Jong-un zum Zug, der in die nicht allzu großen Fußstapfen des Vaters tritt.

Der Brite Simon Cockerell, Mitbegründer der Koryo Group, eines in China ansässigen Reiseunternehmens, das sich seit 1993 auf Reisen nach Nordkorea spezialisiert hat, wünscht sich zu seinem vierzigsten Geburtstag 2012 eine Führung durch das Ryugyŏng, die ihm und seiner Begleitung auch gewährt wird.

»Sie brachten uns in die Lobby, wo Unmengen von freiliegendem Zement lagen. Dann fuhren wir mit dem einzigen Aufzug, der funktionierte, nach oben. Es dauerte lange, da es ein sehr langsamer Frachtaufzug war. Wir stiegen im 99. Stockwerk aus, das hatte der Fahrstuhlbetreiber so festgelegt. Anschließend durften wir einige Fotos machen, ehe wir wieder runter in die Lobby fuhren«, das sagt Cockerell über seinen Kurzbesuch in dem Hotel. Keine ganze Stunde ist er im Ryugyŏng und wird wohl kaum den Eindruck gehabt haben, dass eine Fertigstellung kurz bevorsteht.

Es scheint also zunächst wieder nichts auf eine Eröffnung hinzudeuten, aber dann, wieder recht unerwartet, meldet die

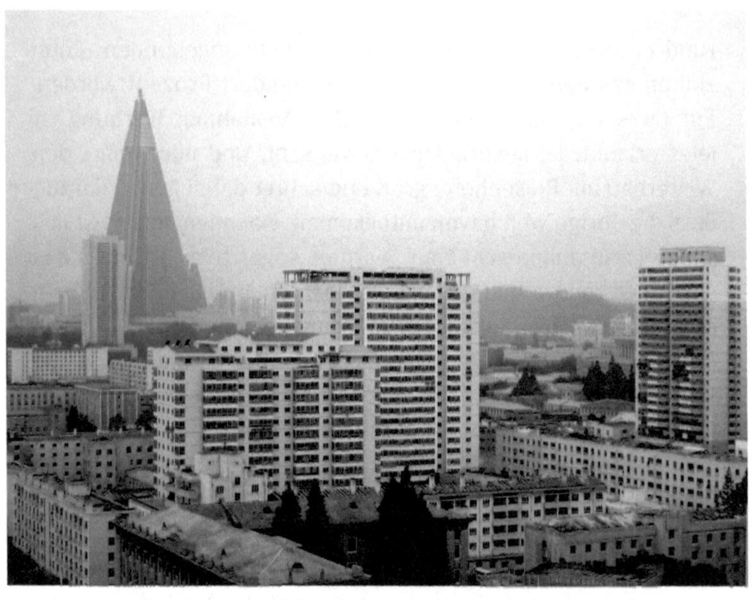

Abb. 26: Und über allem thront das Hotel. Imposant, aber ungenutzt!

deutsche Luxushotelkette Kempinski, dass sie vorhabe, das Hotel teilweise unter eigenem Management zu eröffnen. Hochrangige Kempinksi-Funktionäre reisen nach Pjöngjang – sie werden mit allen Ehren empfangen, das hilft aber auch nichts. Kempinksi verlautbart Mitte 2013, dass der Plan für den Bau »derzeit nicht möglich« sei. Es sollen große Zweifel an der Statik des Gebäudes aufgekommen sein, wenig verwunderlich, ein über dreißig Jahre altes Gebäudegerippe ist nun einmal nicht mehr ganz modern. Zusätzliche Service- und Lüftungssysteme müssten neu erstellt und komplett neu verkabelt werden, da das Ryugyŏng den Standards der 1980er entspricht, aber nicht jenen der 2020er.

Dafür beleuchtet man nun die Glasfassade mit zigtausenden LED-Lampen oder veranstaltet Lasershows. Ein Spektakel in der Stadt, und so gut wie alle Bewohnerinnen und Bewohner finden es toll. Wenn schon das Hotel nach wie vor unfertig über dem Rest der Großstadt thront, dann soll es wenigstens dekadent erstrahlen. Seit 2017 ist das Ryugyŏng-Hotel auch nicht mehr das größte Gebäude der koreanischen Halbinsel, nein, das ist nun der Lotte World Tower in der südkoreanischen Hauptstadt Seoul, mit einer Höhe von 555 Metern. Es ist unklar, was im Inneren des Hotels vor sich geht. Das Regime gibt diesbezüglich nichts mehr preis. Die Glasverkleidung spielt hierbei gut mit. Kein Blick kann mehr hineingeworfen werden, und somit begibt man sich rasch ins Land der Mutmaßungen, aber es scheint sicher, dass es im Hotel nach wie vor keine Wasserleitungen und keine durchgängige Elektrizität gibt. Eine Fertigstellung würde das nordkoreanische Regime rund zwei Milliarden Dollar kosten. Eine Summe, die das isolierte Land nicht zahlen kann, und die Verbündeten sind weniger als noch vor zwanzig Jahren.

Einen Rekord hält das »Hotel der Verdammnis« aber schon lange. Immerhin: Es ist das höchste unbewohnte Gebäude der Welt. Ein Umstand, den das nordkoreanische Kim-Regime allerdings nur allzu gerne verdrängen würde.

Literatur

13

Hoffmanns philosophierender Kater Murr

Steckbrief

Werk: Lebens-Ansichten des Katers Murr

Jahr der Unvollendung: 1822

Urheber: E. T. A. Hoffmann (1776–1822)

Gleich zwei Todesfälle verhindern, dass E. T. A. Hoffmanns Roman *Kater Murr* vollendet werden kann. Sein eigener, vor allem aber der Tod seines tierischen Protagonisten, nämlich des realen Katers namens Murr.

E. T. A. Hoffmann ist kein Zeitgenosse, der allzu lange stillsitzen kann, dazu ist er einfach viel zu umtriebig. Pausenlos hat das Multitalent neue Ideen. Hoffmann ist wirklich ein Universalgenie, wie es sie in der Zeit der Romantik nur noch ganz, ganz wenige gibt. Er ist Jurist, Kritiker, Zeichner, Maler, Karikaturist, Dirigent, Komponist, Schriftsteller und Dichter. Der kreative Output ist enorm, dafür wird aber auch wenig auf die eigene Gesundheit geschaut. E. T. A. Hoffmann schont sich nicht. Wenn in der Nacht durch- und untertags weitergearbeitet werden muss, dann ist das eben so. Es ist ihm auch wichtig, die Buchumschläge seiner Werke selbst zu gestalten, was er ebenfalls beim *Kater Murr* umsetzt.

Hoffmanns frühes Leben wird bereits von auffälligen Eltern geprägt. Er kommt am 24. Januar 1776 als jüngstes von drei Kindern, von Christoph Ludwig Hoffmann (1736–1797) und dessen Frau (und Cousine) Luisa Albertina Doerffer (1748–1796) in Königsberg auf die Welt. Das älteste Kind stirbt kurz nach der Geburt und so bleiben die beiden Söhne Johann und Ernst. Die Familie des Vaters entstammt altem polnischen Adel, dem Haus Bagiensky, ehe sie in den deutschen Zweig der Hoffmanns einmündet. Der Vater ist Rechtsanwalt beim Königsberger Gericht.

Hoffmann wird als Ernst Theodor Wilhelm Hoffmann geboren, ersetzt später aber, weil er ein so großer Bewunderer Mozarts ist, seinen dritten Namen durch Amadeus, kurz E. T. A. (Ernst Theodor Amadeus).

Der Vater, ein origineller und kreativer Kopf, ist sehr launenhaft und impulsiv und ein Alkoholiker. Die Mutter ist wiederum von ständiger Sorge, was die Nachbarschaft über dies oder jenes in der Familie Hoffmann denken möge, geplagt, dazu kommen Heulkämpfe und ein krankhafter Sauberkeitswahn. Da kann es schon einmal passieren, dass ein Kleid vor dem Weggehen fünf, sechs Stunden »sauber« gebürstet wird. E. T. A. Hoffmann bekommt durch seine Eltern also eine Menge exzentrische Charaktereigenschaften mit. Irgendwann wird das Gezanke der beiden ungleichen Ehepartner zu wild und zu häufig; die beiden trennen sich und schließlich erwirkt der Vater 1780 die Scheidung. Das Gericht spricht ihm die Obsorge für seinen zwölfjährigen Sohn Johann (1768–1822) zu, während der kleine vierjährige Ernst bei der Mutter bleibt. Der Kontakt zu Vater und Bruder bricht danach ab. Ein einziger Brief E. T. A. Hoffmanns an seinen Bruder vom Juli 1817 ist erhalten. Darin erinnert sich der Dichter daran, dass sein Vater gerne und sehr gut die Gambe spielte. Die Mutter zieht mit dem kleinen Sohn zurück ins Elternhaus, wo sie nun unter einem Dach mit der verwitweten Großmutter und den unverheirateten Tanten Johanna und Charlotte und dem glücklosen Onkel Otto leben. Die übervorsichtige und gerne belehrende Mutter, karikiert E. T. A. Hoffmann später, wenn der Kater Murr seiner Katzenmutter begegnet, die mit ihrem weinerlichen, theatralischen Ton allen Klischees von mütterlicher »Hingabe« entspricht.

Hoffmann besucht ab 1781/82 die reformierte Burgschule in Königsberg. Dort erhält er Unterricht im Malen, Zeichnen und Musik. Alle drei Fächer werden Steckenpferde von ihm. Ab 1792 studiert er Rechtswissenschaften in Königsberg – das Studium schließt er 1795 erfolgreich ab. Und während er das erste juristische Examen und eine Anstellung bei der Regierung in Königsberg bekommt, schreibt er nachmittags und abends, nach der Arbeit, an seinem ersten Roman *Cornaro*, der heute

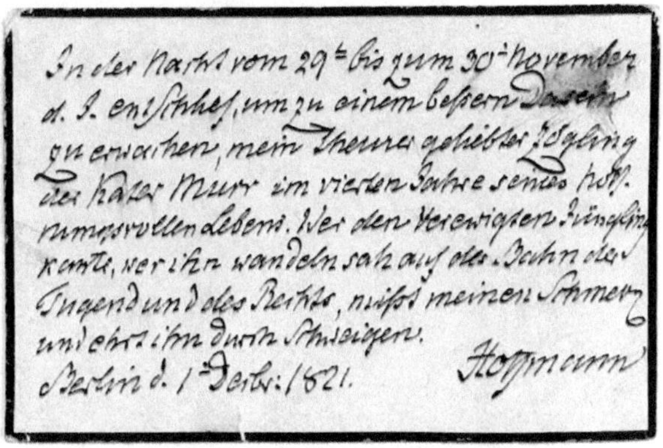

In der Nacht vom 29t bis zum 30t November d. J. entschlief, um zu einem beßern Daseyn zu erwachen, mein theurer geliebter Zögling der Kater Murr im vierten Jahre seines hoffnungsvollen Lebens. Wer den verewigten Jüngling kannte, wer ihn wandeln sah auf der Bahn der Tugend und des Rechts, mißt meinen Schmerz und ehrt ihn durch Schweigen.

Berlin d. 1t Decbr: 1821. Hoffmann

Abb. 27: E. T. A. Hoffmanns Todesanzeige für den Kater Murr (dritte Fassung, Original). Berlin 1821. Staatsbibliothek Bamberg.

als verschollen gilt. 1796 stirbt die Mutter, 1797 der Vater. Hoffmann flüchtet sich in Arbeit, um die Verluste zu bewältigen. Im darauffolgenden Jahr 1798 macht er das zweite juristische Examen und wird als Referendar an das Berliner Kammergericht versetzt. Das dritte juristische Examen folgt 1800 und bald darauf ernennt man Hoffmann zum Assessor am Obergericht in Posen. Diese Ernennung wird aber nicht vollzogen, da er hochrangige Regierungsmitglieder mit Karikaturen verunglimpft. Und so versetzt man ihn nach Plock, einer idyllischen, aber wenig attraktiven Kleinstadt, hundert Kilometer nordwestlich von Warschau.

In einen richtigen Gewissenskonflikt gerät Hoffmann, als er im Oktober 1819 zum Mitglied der *Immediat-Commission zur Ermittlung hochverräterischer Verbindungen* ernannt wird. Es geht darum, die aufrührerischen linken studentischen Burschenschaften mundtot zu machen. Besonders mit dem Polizeidirektor Karl von Kamptz (1769–1849), einem Strohmann des Innenministers Caspar Friedrich Freiherr von Schuckmann (1755–1834) gibt es Konflikte, denn der geht willkürlich und aggressiv gegen die Studenten vor, die ihrerseits radikal werden. Der Mord am Dichter August Friedrich von Kotzebue durch einen Studenten heizt die Stimmung noch einmal gehörig auf. Hoffmann stößt sich in seinem Ethos an beiden Seiten.

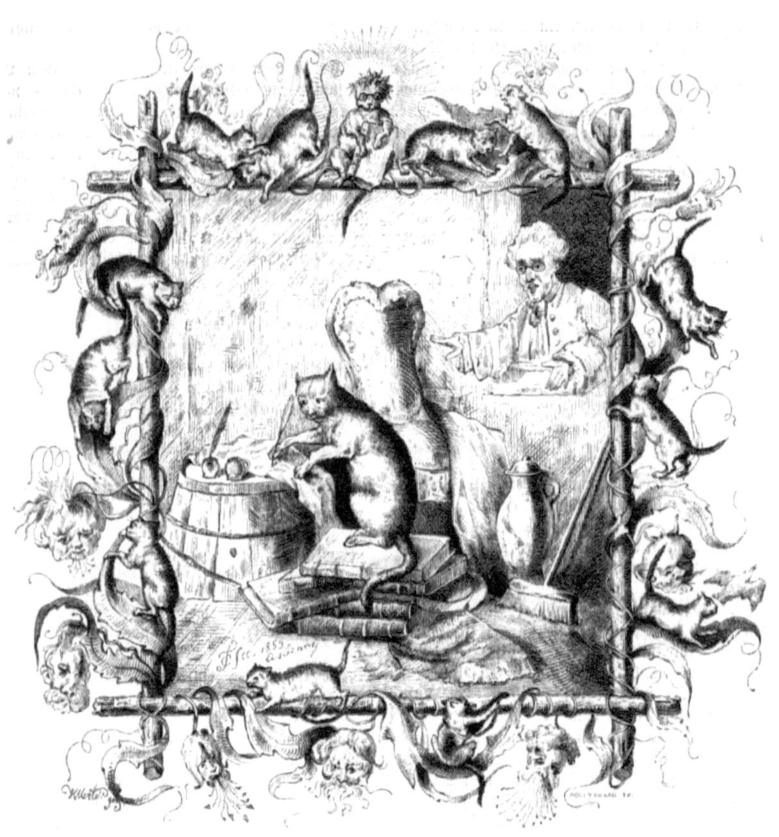

Abb. 28: Handzeichnung von Ferdinand von Portugal für eine Buchausgabe 1859.

»Ein ganzes Gewebe heilloser Willkür, frecher Nichtachtung aller Gesetze, persönlicher Animosität«, schreibt er im Juni 1820 an seinen Bekannten Theodor Gottlieb von Hippel. Und wie löst Hoffmann diesen inneren Konflikt? Mit Satire. Er schreibt sich den Frust von der Seele. Sein Bekannter Varnhagen von Ense notiert in seinem Tagebuch: »Herr Kammergerichtsrat Hoffmann schreibt an einem humoristischen Buche, worin die ganze demagogische Geschichte, fast wörtlich aus den Protokollen, höchst lächerlich gemacht wird.« Kamptz wird zum Spitzel Knarrpanti in Hoffmanns Text *Meister Floh*. Kamptz bekommt vom geplanten Druck des Textes mit und auch von der Verballhornung seiner Person und plant, das Manuskript zu beschlagnahmen. Die »Akte Hoffmann« wird angelegt und der Polizeidirektor erhebt gegen den Dichter Klage, die durch die Hilfe des Innenministers auch in die Hände des Staatskanzlers von Hardenberg gelangt. Das Manuskript wird beschlagnahmt und auch der Kaiser ist nun informiert. Friedrich Wilhelm II. wünscht, binnen 24 Stunden die Aussagen Hoffmanns und das Protokoll des Verhörs vorgelegt zu bekommen. Ab nun beginnen die Mühlen der Justiz zu mahlen und sie machen es, wie immer, sehr langsam. E. T. A. Hoffmann ist zu diesem Zeitpunkt schon schwer erkrankt. Der Dichter fürchtet sich wenig vor möglichen Konsequenzen, sieht die künstlerische Freiheit im Recht und schreibt an seinem nächsten Werk, in dessen Mittelpunkt ein Tier stehen soll, genauer ein Kater, und der trägt den gleichen Namen wie Hoffmanns eigener Kater: Murr. Freunde und Bekannte Hoffmanns wissen, was der reale Murr für ihn bedeutet. Ihm vertraut er alles an.

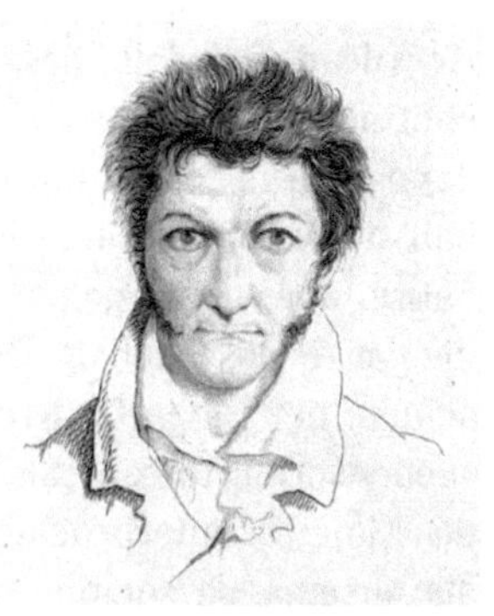

Abb. 29: Der Dichter Hoffmann, hier auf im Selbstporträt.

Lange, lange also, bevor es die Katzenvideos im Internet gab, gibt es in der Literatur schon einen weisen Kater, der sein Leben Revue passieren lässt. Und E. T. A. Hoffmann lässt sich dafür etwas Außergewöhnliches einfallen. Er schreibt eine Pseudo-Doppelbiografie, denn einerseits erzählt der Kapellmeister Johannes Kreisler aus seinem Leben, andererseits tut es ein namens Kater Murr, der aus Papierknappheit einfach Seiten aus einem fremden Buch herausreißt, eben aus der Biografie Kreislers, diese als Unterlage oder Löschpapier verwendet, und über seine Lebensansichten zu plaudern beginnt. Und so heißt das Romanfragment dann auch: *Lebens-Ansichten des Katers Murr nebst fragmentarischer Biographie des Kapellmeisters*

Johannes Kreisler in zufälligen Makulaturblättern. Hoffmann stellt den schriftstellernden Kater in eine Tradition mit Ludwig Tiecks *Der gestiefelte Kater* von 1797.

Das Werk ist also eine raffinierte Form romantischer Metaliteratur. Ein Text im Text, welcher zudem von einem fiktiven Herausgeber publiziert und eingeleitet wird, während Hoffmann selbst natürlich alle drei Texte verfasst hat. In der Romantik galt die Maxime, dass die Form des Romans dazu einlade, kontrastive Schreibweisen, Stile und Gattungsformen miteinander zu mischen und neu zu verknüpfen, und genau daran hält sich Hoffmann hier vorbildlich. Und der Text ist eine böse Satire, aber nicht gegen das erzählende Tier, sondern gegen die ganze Gesellschaft. Den geradlinigen, allerdings durch Einschübe der Biografie Kreislers, etwa über dessen Jugend, die »Lebenserfahrungen« als Jüngling und die »reiferen« Monate des Mannes, unterbrochenen Bericht des Katers legt Hoffmann als Auseinandersetzung mit den Generationen an. Kater Murr berichtet etwa über seine Jugendfreundschaft zum Pudel Ponto, der »persönlichkeitsformenden« Liebe zur Katze Miesmies, wird Burschenschaftler und versucht, in der »großen Welt« der Hunde Fuß zu fassen, freilich erfolglos. Der Satire auf die bürgerliche Welt folgt im Kreisler-Teil ein heiterer Angriff auf die Aristokratie.

Hoffmann ist keiner, der verharren kann. Er plant fortwährend, zeichnet, malt, komponiert dazwischen und schreibt, aber es wird immer schwieriger, das gewohnte Arbeitspensum des Universalkönners zu stemmen. Der Gesundheitszustand des Dichters verschlechtert sich ab 1821 dramatisch. Bald kann er seinen Lehnstuhl nicht mehr verlassen. Heute vermutet man, dass es sich bei Hoffmanns mysteriöser Krankheit, denn die ersten Lähmungserscheinungen treten plötzlich auf, um die Nervenkrankheit ALS, Amyotrophe Lateralsklerose, gehandelt haben könnte, bei der es zu Muskelschwäche und Muskelschwund kommt. Seit dem Beginn des Jahres 1822 ist er komplett paralysiert, diktiert aber seinen beiden Freunden und Vertrauten Hitzig und Hippel Einfälle und Ergänzungen, auch für seinen *Kater Murr*. Aber es sind nur noch einzelne Aphorismen, denn der Roman, der eigentlich aus drei Teilen hätte bestehen sollen, wird, so ist es der Wille Hoffmanns, nur zwei Teile und ein paar Zusatzergänzungen haben. Warum aber lässt Hoffmann den Roman schließlich unvollendet?

Der erste Teil des Werkes erscheint im Herbst 1819. Der Dichter muss damals aber nach Schlesien, weswegen sein guter Freund den Druck überwacht. Das Buch wird kein Publikumserfolg, die meisten Leserinnen und Leser dürfte die komplexe verschachtelte Form wohl abschrecken. Heinrich Heine schreibt in einem Brief einmal: »Hoffmann ist ganz original. Die, welche ihn Nachahmer von Jean Paul nennen, verstehen weder den einen noch den andern. Beide Dichtungen haben einen entgegengesetzten Charakter.«

In der Nacht auf den 30. November 1821 stirbt Hoffmanns geliebter Kater Murr, das Original und Vorbild seiner literarischen Figur. Kurze Zeit später schickt der Dichter die Todesanzeige für das Tier an einige seiner Freunde und an die Zeitung. Einige seiner Vertrauten glauben an einen Scherz, aber tatsächlich trauert E. T. A. Hoffmann. Zum Zeitpunkt des Todes des realen Katers Murr liegt das Manuskript zum zweiten Teil schon im Druck. Mitte Dezember 1821 erscheint der Roman und Hoffmann hat schon Entwürfe und zahlreiche Seiten für den dritten Teil zusammengetragen, aber er beschließt, dass es nach dem Tod seines geliebten Katers auch keinen dritten Band mehr geben wird, nur noch das erwähnte Zusatzbändchen. Er schreibt im Nachwort zu Band zwei:

> Schlimm ist es, daß der Verblichene seine Lebensansichten nicht geendet hat, die also Fragment bleiben müssen. Dagegen haben sich in den nachgelassenen Papieren des verewigten Katers noch so manche Reflexionen und Bemerkungen gefunden, die er in der Zeit aufgeschrieben zu haben scheint, als er sich bei dem Kapellmeister Kreisler befand. Ferner war aber auch der Teil des von dem Kater zerrissenen Buchs vorhanden, welches Kreislers Biographie enthält. Der Herausgeber findet es daher der Sache nicht unangemessen, wenn er in einem dritten Bande, der zur Ostermesse erscheinen soll, dies von Kreislers Biographie noch Vorgefundene den geneigten Lesern mitteilt und nur hin und

wieder an schicklichen Stellen das einschiebt, was von jenen Bemerkungen und Reflexionen des Katers der weitern Mitteilung wert erscheint.

Doch Hoffmann ist nicht mehr in der Lage, diesen angekündigten Band in Angriff zu nehmen. Am 25. Juni 1822 stirbt er mit gerade mal 46 Jahren an seinem Rückenmarksleiden, final vermutlich an einer Atemlähmung, und hinterlässt dennoch ein imposantes und umfangreiches Werk.

Hoffmann hielt seinen Kater, wie Bekannte und Freunde oft berichten, für einen außerordentlichen Denker, der genau über den Weltenmechanismus Bescheid zu wissen schien. Stritt Hoffmann mit seiner Frau, dann suchte er im Kater einen Verbündeten. Auf einem Papier, das heute noch erhalten ist, tränkte er das Pfötchen des Tieres in Tinte und ließ ihn »unterschreiben«, darunter schrieb der Dichter »Kater Murr«.

Bereits vier Jahre nach Hoffmanns Tod, 1825/26, versucht Hermann Schiff, ein Vetter Heinrich Heines, die Geschichte des Katers fortzusetzen: *Nachlaß des Katers Murr. Die Fortsetzung der Lebensansichten des Katers Murr.* Das Büchlein ist aber allenfalls ein Abklatsch des Originals, das keinen Platz in der Weltliteratur findet. Das unvollendete Original Hoffmanns wird dagegen in den Folgejahren vielfach übersetzt, ins Russische, ins Französische, ins Englische und ins Dänische, wird aber im deutschsprachigen Raum lange recht reserviert aufgenommen. Es dauert bis zur Jahrhundertwende um 1900, bis Hoffmanns eigenwillige Literatur wiederentdeckt wird und sich zu den Klassikern gesellt.

14

Georg Büchners *Woyzeck*

Steckbrief

Werk: Woyzeck

Jahr der Unvollendung: 1837

Urheber: Georg Büchner (1813–1837)

Früher sagten ja Väter, die einen hohen Anspruch an ihren Filius hatten, gerne: »Nimm dir ein Beispiel am Büchner. Der ist nur 23 geworden und hat so viel erreicht!« Damals mag das sicherlich den einen oder anderen jungen Mann angespornt haben, heute würde höchstwahrscheinlich erst einmal gegoogelt werden, wer dieser Georg Büchner überhaupt gewesen ist. Allerdings ist der Name sicherlich nicht allen Teenagern unbekannt, denn immerhin zählt er nach wie vor zum Kanon der Schullektüre.

Um Büchners Charakter zu rekonstruieren, dienen der Wissenschaft heute vor allem die Briefe, die er hinterlassen hat,

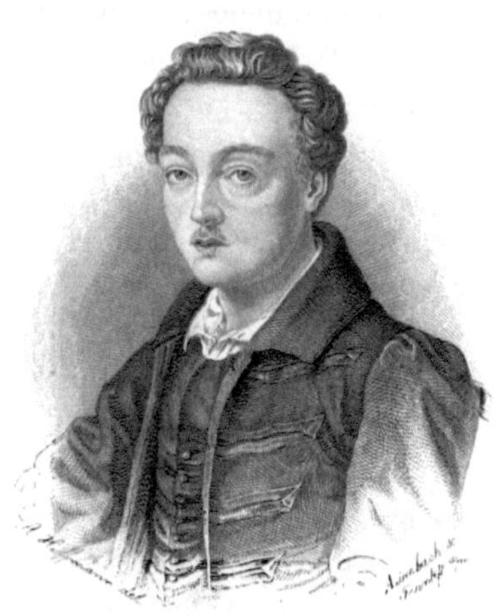

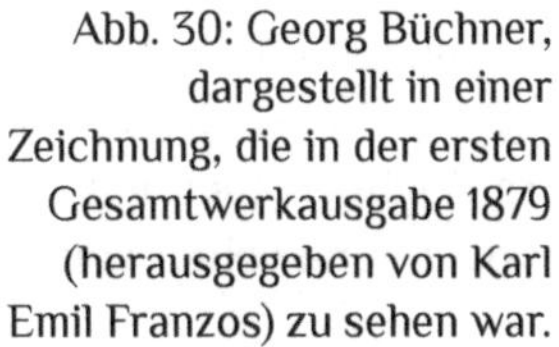

Abb. 30: Georg Büchner, dargestellt in einer Zeichnung, die in der ersten Gesamtwerkausgabe 1879 (herausgegeben von Karl Emil Franzos) zu sehen war.

allerdings widersprechen sich diese immer wieder und leider vernichtete seine Verlobte Wilhelmine »Minne« Jaeglé zahlreiche Dokumente. Vieles, was Büchner vor allem während seiner Fluchtjahre an die Eltern oder die Verlobte schrieb, dürfte auch geblufft gewesen sein, um die Besorgten zu beruhigen und auch um die Zensur zu täuschen.

Aber beginnen wir am Anfang. Karl Georg Büchner wird am 17. Oktober 1813 im hessischen Goddelau nahe Darmstadt geboren. Der Vater Ernst Karl Büchner (1786–1861) ist ein angesehener Gynäkologe und Chirurg, der in Paris studierte und ein glühender Bewunderer Napoleons ist. Die Mutter, Caroline Louise Büchner, geborene Reuß (1791–1858), ist dagegen deutsche Patriotin. Im Hause Büchner sind also politische Debatten an der Tagesordnung. Georg wird als erstes Kind geboren und das just am Tag von Napoleons Niederlage in der Leipziger Völkerschlacht. Und während es für die Mutter ein doppelter Freudentag ist, nimmt der Vater zwar glücklich die Geburt seines Sohnes zur Kenntnis, ist aber dennoch niedergeschlagen.

In den Folgejahren werden die sechs Geschwister Georg Büchners geboren, von denen, bis auf Karl Ernst und ein weiteres Kind, die bereits im Säuglingsalter sterben, alle das Erwachsenenalter erreichen und auch durchaus erfolgreich werden. Die zweite Schwester, Louise, wird Autorin und aktiv in der damaligen Frauenbewegung, Wilhelm Ludwig wird Chemiker und ab 1877 Politiker im deutschen Reichstag, Friedrich Karl Christian Ludwig, kurz Louis, wird Mediziner und Philosoph. Er ist es, der 1850 die *Nachgelassenen Schriften* seines Bruders herausgibt, den *Woyzeck* aber auslässt, da er keinen Durchblick über die Ordnung der hinterlassenen Manuskriptseiten hat. Der jüngste Bruder, Alexander Karl, wird Literaturwissenschaftler. Bildung spielt sichtlich eine wichtige Rolle im Hause Büchner und der Werdegang der Kinder verdeutlicht auch, dass die Familie Büchner eine wohlhabende und angesehene ist. Lesen, Schreiben, Rechnen bringt ihnen die Mutter bei – sie ist eine gläubige Protestantin und macht Georg Büchner auch mit der Bibel bekannt. Der Vater dagegen ist Atheist und schult seinen Sohn in kritischem Denken.

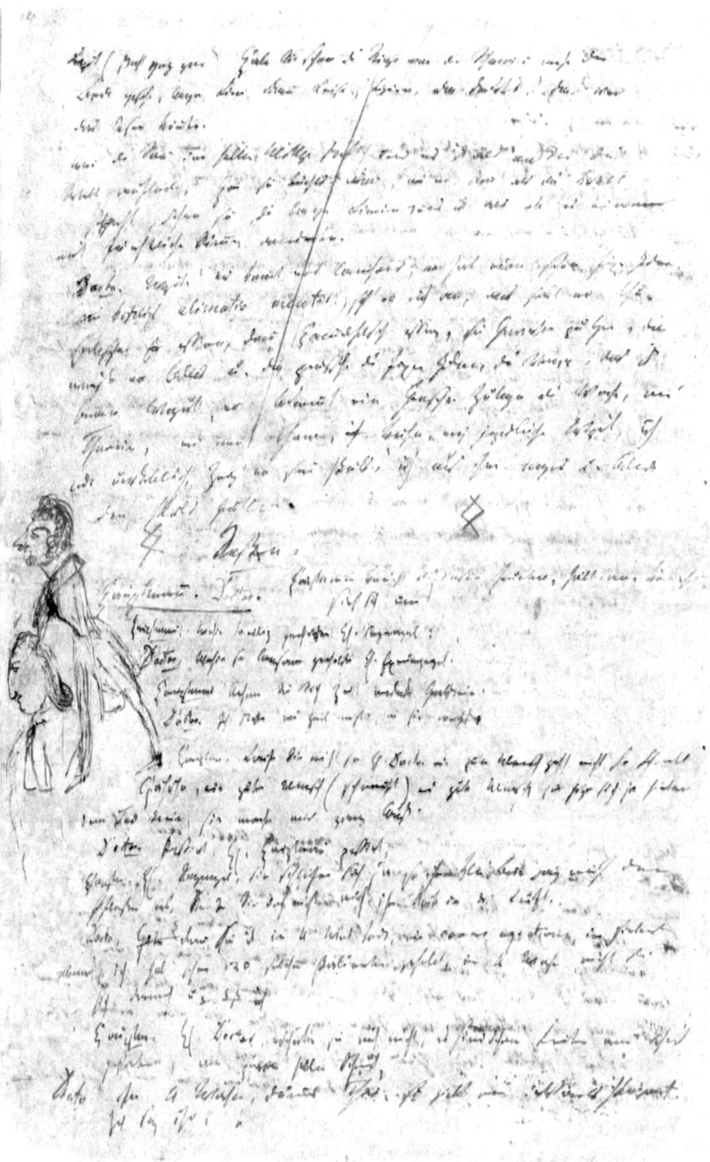

Abb. 31: Die Straßenszene im *Woyzeck* mit einer Figurenskizze, die Büchner anfertigte.

Ab seinem zehnten Lebensjahr besucht Georg Büchner das Darmstädter Großherzogliche Gymnasium und er ist ein guter, aber recht wenig engagierter Schüler. Als er 1831 die Schule abschließt, vermerkt der Schuldirektor, dass Büchner »durch Erschlaffung, Versäumniß oder voreilig absprechende Urtheile seinem eigenen Lebensglück im Wege« stehe. Büchner, dem hier keine allzu rosige Zukunft prophezeit wird, ist jedoch ein kritischer und wissbegieriger Zeitgenosse.

Im selben Jahr, also 1831, schreibt er sich an der Universität Straßburg für Medizin ein. Und Büchner wird politisch aktiv, jedenfalls im Widerstand gegen die Obrigkeit. Er sympathisiert anfangs mit der *Gesellschaft der Menschenrechte*, einer radikal-demokratischen Gruppierung. Auch in französischen Studentenverbindungen findet er Anschluss, ist beeindruckt vom fortschrittlichen Denken der Franzosen und wird Dauergast bei der *Eugenia*. Allerdings muss er sein Studium in Frankreich unterbrechen, da er als Bürger des Großherzogtums Hessen nur allerhöchstens vier Semester im Ausland studieren darf. In Straßburg hatte sich Büchner mit Minna Jaeglé (1810–1880) verlobt, hält das aber vorerst vor den Eltern geheim. In Gießen setzt er sein Studium nun fort.

Im Frühjahr 1834 schreibt er die Flugschrift *Der Hessische Landbote*, in der er ideologisch ganz im Gegensatz zu den Auffassungen der *Gesellschaft der Menschenrechte* argumentiert. Sein Bekannter, der Pastor Friedrich Ludwig Weidig, ein glühender Demokrat, hatte ihn in die revolutionären Kreise Hessens gebracht. Im Juli 1834 geht der *Hessische Landbote* in Druck – verteilt wird er über die beiden Verschwörer und Büchner-Freunde Karl Minnigerode (1814–1894) und Jakob Friedrich Schütz (1813–1877).

Als Minnigerode beim Verteilen verhaftet wird, alarmiert Büchner die anderen. Alle müssen nun auf der Hut sein. Seine Wohnung in Gießen findet Georg Büchner schon im Chaos vor; jemand hatte sie gründlich durchsucht. Er kann hier unmöglich länger bleiben. Es wird ihm zu heikel und er reist zu seinen Eltern nach Darmstadt – seine Verlobte kommt ebenfalls dorthin und wird den Eltern vorgestellt. Büchners Vater ist außer sich vor Wut darüber, dass sein Sohn in revolutionären Kreisen aktiv ist, die Mutter beruhigt ihn wie so oft. Trotz der Angespanntheit in diesen Wochen und Monaten findet Büchner die Zeit zum Schreiben. In nur fünf Wochen schreibt er sein Drama *Dantons Tod* nieder. Doch dann bekommt der junge Autor eine Vorladung ins Darmstädter Gefängnis per Post zugeschickt. Es ist Frühjahr 1835. Nicht viel später wird er von ganz oben, vom Hofgericht der Provinz Hessen, Steckbrieflich gesucht. In der Personenbeschreibung heißt es: »Alter (21), Größe (6 Schuh, 9 Zoll neuen Hessischen Maases), Haare (blonde), Stirne (sehr gewölbt), Augenbrauen (blonde), Augen (graue), Mund (klein), Bart (blond), Kinn (rund), Angesicht (oval), Gesichtsfarbe (frisch), Statur (kräftig, schlank), Besondere Kennzeichen (Kurzsichtigkeit) …« Büchner entschließt sich zu flüchten. Von Worms, über

2493. Steckbrief.

Der hierunter signalisirte Georg Büchner, Student der Medizin aus Darmstadt, hat sich der gerichtlichen Untersuchun· seiner indicirten Theilnahme an staatsverrätherischen Handlungen durch die Entfernung aus dem Vaterlande entzogen. Man ersucht deßhalb die öffentlichen Behörden des In- und Auslandes, denselben im Betretungsfalle festnehmen und wohlverwahrt an die unterzeichnete Stelle abliefern zu lassen.

Darmstadt, den 13. Juni 1835.

Der von Großh. Hess. Hofgericht der Provinz Oberhessen bestellte Untersuchungs-Richter, Hofgerichtsrath

Georgi.

Personal-Beschreibung.

Alter: 21 Jahre,
Größe: 6 Schuh, 9 Zoll neuen Hessischen Maases,
Haare: blond,
Stirne: sehr gewölbt,
Augenbraunen: blond,
Augen: grau,
Nase: stark,
Mund: klein,
Bart: blond,
Kinn: rund,
Angesicht: oval,
Gesichtsfarbe: frisch,
Statur: kräftig, schlank,
Besondere Kennzeichen: Kurzsichtigkeit.

Abb. 32: Der Steckbrief vom 13. Juni 1835, der Büchner zu einem Gesuchten und Gejagten machte.

Weißenburg nach Straßburg. Dort bleibt er bis zum Oktober 1836.

Im Exil widmet er sich vor allem naturwissenschaftlichen Studien und schreibt seine Promotion zum Nervensystem der Barberfische. Im September 1836 schreibt er seinem Bruder Wilhelm: »Dabei bin ich gerade daran, sich einige Menschen auf dem Papier totschlagen oder verheiraten zu lassen, und bitte den lieben Gott um einen einfältigen Buchhändler und ein groß Publikum mit so wenig Geschmack, als möglich.« Büchner scheint hier über den *Woyzeck* zu schreiben, an dem er höchstwahrscheinlich ab Juni arbeitet. Kurz zuvor beendet er die Arbeit an *Leonce und Lena*.

Vor seiner Übersiedlung von Straßburg nach Zürich, die im Oktober 1836 stattfindet, beginnt er mit der letzten Entwurfstufe (in literaturwissenschaftlichen Kreisen sind diese Phasen als H1, H2, H3 und H4 bezeichnet. H bedeutet natürlich Handschrift). In jedem Fall arbeitet er parallel, denn die Vorbereitungen für seine universitäre Lehrtätigkeit in Zürich (Vorlesungstitel: *Über Schädelnerven*) und die Schriftstellerei gehen Hand in Hand. Der Zustand des Manuskripts vom *Woyzeck* und auch das Schriftbild lassen vermuten, dass Büchner in großer Eile geschrieben hat.

Der *Woyzeck* ist das erste Sozialdrama seiner Art und es ist zudem bemerkenswert, weil seine Protagonisten aus der unterprivilegierten Bevölkerungsschicht kommen, ein Novum zu damaliger Zeit, weil man sonst vor allem über die Nöte der oberen Schichten schrieb und der Rest der Gesellschaft allenfalls in Nebenfiguren dargestellt wurde. Im Fokus des Geschehens steht eine Eifersuchtsgeschichte: Marie hat ein Kind mit Woyzeck, dem niederen Soldaten, aber sie hat eine Affäre mit dem sexuell potenten Tambourmajor und jeder weiß es, nur Woyzeck will es die längste Zeit nicht wahrhaben. Der Soldat wird bereits verspottet für seine Phlegmatik, aber eigentlich ist er eine tickende Zeitbombe, und schließlich kippt der fragile psychische Zustand Woyzecks und er ermordet Marie am Seeufer. Er sticht mehrere Male auf sie ein. Die Lektüre zweier Gutachten über den realen entlassenen Soldaten und arbeitslosen

Perückenmachergesellen Johann Christian Woyzeck, der am 2. Juni 1821 seine Geliebte Johanna Christiane Woost erstach, inspirieren Büchner zu seinem Werk. Mit mindestens sieben Messerstichen soll der 41-jährige Woyzeck die 46-jährige Woost ermordet haben.

Das Stück arbeitet mit Antihelden und von Beginn an schwebt das Unglück in der Luft. Außerdem lässt Georg Büchner seine Figuren nicht in Versen reden, sondern, je nach gesellschaftlichem Rang, in Hochsprache, Umgangssprache oder Dialekt. Es ist keine Übertreibung, wenn man sagt, dass Georg Büchner damit als Literat seiner Zeit weit voraus war. Er ist die Gallionsfigur der Bewegung des Jungen Deutschland, die sich ab 1830 in der Zeit des Vormärzes bildete und sich vom Mief der Klassiker, von der Allmachtstellung Schillers und Goethes befreien möchte. Eine Bewegung, die sich gegen die Elite, gegen die Privilegierten richtet, eine, die den Finger auf die Wunden legen möchte.

Minna Jaeglé hat die Manuskripte von *Dantons Tod* und *Woyzeck* später Louis Büchner zur Verfügung gestellt – diese Papiere liegen danach bei Karl Emil Franzos, der eine große Gesamtausgabe plant und deswegen Jaeglé Anfang 1877 wegen weiterer Manuskriptseiten schreibt. Drei Monate lässt sie sich Zeit zum Antworten und die Antwort fällt nicht so aus, wie es sich Franzos vorstellt:

> Geehrtester Herr!
>
> In Ihrem geehrten Schreiben vom 17. Februar reden Sie von der moralischen Verpflichtung, die ich habe, durch Mittheilung derjenigen Papiere G. Büchner's, die in meinen Händen sind, die Herausgabe seiner Werke zu befördern. Hierauf habe ich die Ehre, Ihnen zu antworten, daß ich durchaus keine moralische Verpflichtung fühle, die besagten Papiere zur Oeffentlichkeit zu bringen, theils sind es solche, die nur mich persönlich angehen, und die es eine Indiscretion wäre drucken zu lassen, theils sind es unvollständige Auszüge und unvollendete Notizen. Das Andenken an G. Büchner ist mir zu theuer, als daß ich wünschen könnte, etwas Unfertiges von ihm der Kritik der Recensenten auszusetzen.
>
> Durch schwere Krankheit verhindert, Ihnen früher zu antworten, mußte ich es bis heute aufschieben. Sie werden mich, geehrter Herr,

verpflichten, wenn Sie sich für die Zukunft mit dieser Erklärung genügen lassen wollten.

Hochachtungsvoll zeichnet

L. W. Jaeglé

Es ist eine klare Absage. Als Jaeglé drei Jahre später 1880 verstirbt, findet sich nichts mehr bei ihr. Höchstwahrscheinlich in einem Anflug religiöser Frömmigkeit und aus Hass gegen die »Nachlaßmarder«, wie sie einmal meinte, hat sie alles vernichtet, was noch bei ihr war. Zudem lag Jaeglé in den letzten Jahren mit der Familie Büchner über Kreuz.

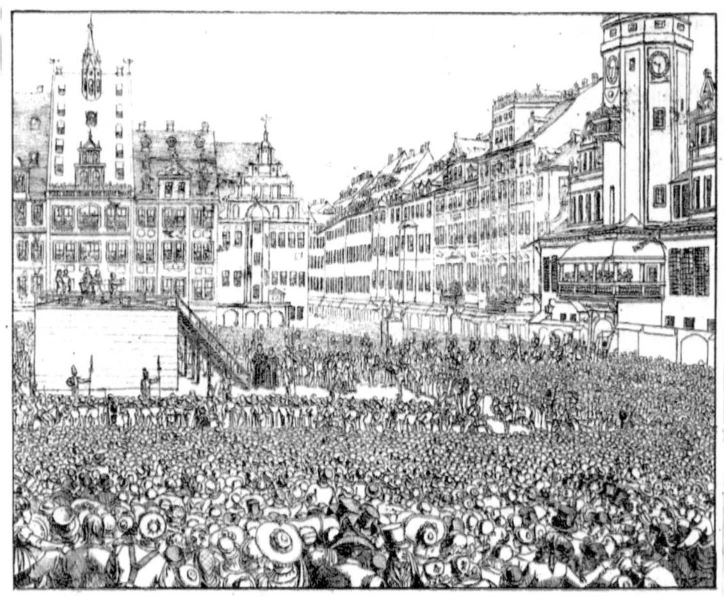

Abb. 33: Ein Kupferstich, der die Hinrichtung des realen Mörders Johann Christian Woyzeck am 27. August 1824 zeigt.

Kurz vor Ausbruch seiner tödlichen Krankheit schreibt Büchner, dass er *Leonce und Lena* und zwei weitere Dramen (höchstwahrscheinlich sind damit *Woyzeck* und *Pietro Aretino* gemeint) erscheinen lassen wird. Büchners Arbeitspensum ist dabei beeindruckend, denn er kündigt an, dass der *Woyzeck* in den nächsten sieben bis zehn Tagen beendet sein könnte. Doch dann, am 2. Februar 1837, bricht bei ihm Typhus aus. Es wird heute angenommen, dass sich Büchner bei der Arbeit an seinen Präparaten infiziert. Büchner hält in Zürich den Vorlesungszyklus *Zootomische Demonstrationen*, für den er selbst angefertigte Präparate von Fischen und Amphibien verwendet. Nur eine Handvoll Studierende interessiert sich aber für Büchners Kurs. In jedem Fall geht es danach rapide bergab mit seiner Gesundheit. Schon eine Woche später ist er bettlägerig und muss von seinen Wohnungsnachbarn, dem Ehepaar Schulz, gepflegt werden. Nachdem sich der Gesundheitszustand weiter verschlechtert, wird seine Verlobte verständigt. Minna Jaeglé trifft am 17. Februar ein. Büchner halluziniert zwar schon, erkennt sie aber. Er drückt ihre Hand. Am 19. Februar stirbt Georg Büchner mit 23 Jahren und einem unvollendeten *Woyzeck* am Schreibtisch.

Akribisch durchforstet Louis Büchner, Georgs jüngerer Bruder schließlich das, was hinterlassen wurde. Es gilt zu entscheiden, was in die *Nachgelassenen Schriften* kommt. Und es ist nicht wenig, denn Büchner war ein Vielschreiber, aber bei dem namenlosen Drama, das später *Woyzeck* heißen sollte, stößt der Bruder an seine Grenzen, denn erstens ist es unvollendet, zweitens ungeordnet und drittens unterscheiden sich sogar die handelnden Personen namentlich von einer Manuskriptseite zur nächsten und, was wohl am schwersten wiegt, ist der Umstand, dass die letzten drei Seiten kaum mehr zu lesen sind, da die Tinte verblasst ist. Und so kommt die erste Gesamtwerkausgabe 1850 ohne das Drama heraus. Danach dauert es fast dreißig Jahre, bis sich wieder jemand an das Drama heranwagt. Der Autor Karl Emil Franzos (1848–1904) editiert eine neue Gesamtausgabe der Werke Büchners und nimmt den *Woyzeck* auch auf. Das ist 1879, ein Jahr vor dem Tod Minna Jaeglés, die, schon schwerkrank, nichts gegen die Veröffentlichung unternimmt. Franzos ist von der unorthodoxen Art des Dramas begeistert, und es gelingt ihm, mithilfe eines chemischen Verfahrens die verblassten Stellen im Text wieder sichtbar zu machen. Ein Problem kann er aber nicht lösen, nämlich jenes der Ordnung der einzelnen Szenen. Franzos entscheidet also mehr oder weniger nach dem Bauchgefühl und ordnet, wie es ihm eben logisch erscheint. Als Titel wählt er *Wozzeck*, weil er den Namen des Protagonisten falsch liest. Als Untertitel: *Trauerspiel-Fragment.* Lange Jahre gilt seine Version des Dramas als die einzige. 1913 wird das Stück Büchners in der Franzos-Version am Münchner Residenztheater uraufgeführt, 77 Jahre nach seiner Entstehung.

1920 erarbeitet der Germanist Georg Witkowksi eine neue Version, nennt das Stück nun auch *Woyzeck* und setzt sich zum Ziel, die korrekte Szenenabfolge zu rekonstruieren. Ein löbliches, jedoch völlig unrealistisches Unterfangen. Die heute am meisten verbreitete Fassung des Stücks ist jene von Werner R. Lehmann aus dem Jahre 1967. Grundlage für alle Woyzeck-Ausgaben ist eine titellose Sammlung von losen Papieren, bestehend aus fünf Doppelblättern, einem Einzelblatt, sechs Blättern in Folioformat und sechs Doppelblättern in Quartformat. Das Manuskript befindet sich heute im Weimarer Goethe- und Schiller-Archiv.

Die Entwurfhandschriften H1, bestehend aus 21 Szenen, H2, bestehend aus neun Szenen, H3, bestehend aus zwei Szenen, und H4, bestehend aus 17 Szenen, sind, es wäre ja sonst auch viel zu leicht, vollkommen lose, und es ist seither die Aufgabe der Editoren, hier die korrekte Chronologie der Szenen zu finden. Freilich gibt sich niemand der Illusion hin, dass man diese jemals findet. Vor allem, was von den beiden Szenen der H3 zu halten ist, bleibt vollkommen unklar. *Der Hof des Professors* und *Der Idiot. Das Kind. Woyzeck,* so heißen die Szenen, passen nicht zum übrigen Verlauf. Und ob der Professor, der nur in dieser einen Szene vorkommt, die gleiche Figur wie der Doktor ist, ist auch nicht geklärt.

In der H1-Version heißt Woyzeck Louis mit Vornamen und seine Geliebte Margreth. Die Szenen sind unterschiedlich weit ausgearbeitet. Einige scheinen fertig, andere nicht, wieder andere sind gerade einmal wenige Zeilen lang. Die Handschriften 2 und 4 scheinen noch am ehesten miteinander verbunden, allerdings ändert Büchner die Namen. Heißen die Hauptfiguren in der zweiten Handschrift noch Louis und Margreth, so werden sie in der vierten zu Franz und Marie.

Georg Büchner arbeitete die vierte Handschrift am konkretesten aus, in den nachgelassenen *Woyzeck*-Ausgaben steht am Ende immer der Mord, den es jedoch nur in der H1-Version gibt. Ob Büchner das Drama also wirklich damit enden lassen wollte, ist und bleibt vollkommen unklar.

15

Das Schloss des Franz Kafka

Steckbrief

Werk: Das Schloss
Jahr der Unvollendung: 1923
Urheber: Franz Kafka (1883–1924)

Für den Literaturnobelpreisträger Elias Canetti (1905–1994) ist Franz Kafka jene Persönlichkeit, die das 20. Jahrhundert, mit all seinem Irrsinn, »am reinsten« ausdrückt. Und das meinte Canetti als Kompliment. Wenn man darauf schaut, dass Franz Kafka uns eine Reihe von unvollendeten Werken hinterlässt, Fragmente, die uns heute noch bei dem Versuch ihrer Deutung vor Rätsel stellen, man heute Dinge und Situationen als kafkaesk bezeichnet, die für uns unerklärlich sind und auf eine seltsame Art und Weise verstörend wirken, sagt das wohl einiges über dieses Jahrhundert aus. Kafka wird im Laufe des 20. Jahrhunderts zu einem Weltliteraten, der nicht zuletzt in modernster Zeit von Buchinfluencern und jungen Leserinnen und Lesern wiederentdeckt wurde. Doch diese Bekannt- und Beliebtheit ist ihm zu seinen Lebzeiten nicht vergönnt: Zu keiner Phase seines Lebens kann Kafka vom Schreiben leben, was vor allem daran liegt, dass er seine Ambitionen geheim hält, weil er weiß, dass sein Vater diese niemals gutheißen würde, und weil er andererseits notorisch selbstkritisch ist.

Zu Beginn des Jahres 1922, Kafka ist fast 39 Jahre alt und hat bisher keine nennenswerten literarischen Erfolge feiern können, weil er die meisten seiner Texte für unzureichend befindet und daher nicht an Veröffentlichung denkt, beginnt er die Arbeit an seinem dritten Romanprojekt. Seit Jahren schon schlummern die unfertigen Manuskripte zu *Der Verschollene* (auch: *Amerika*) und zu *Der Proceß* in einer Schublade und sollten erst nach seinem Tod den Weg an die Öffentlichkeit finden. Er schreibt allerdings weiterhin, manchmal wie ein Besessener, dann vergisst er alles ringsum, selbst das Essen und Trinken stellt er hinten an, gibt sich ganz seinem Schreibflow hin.

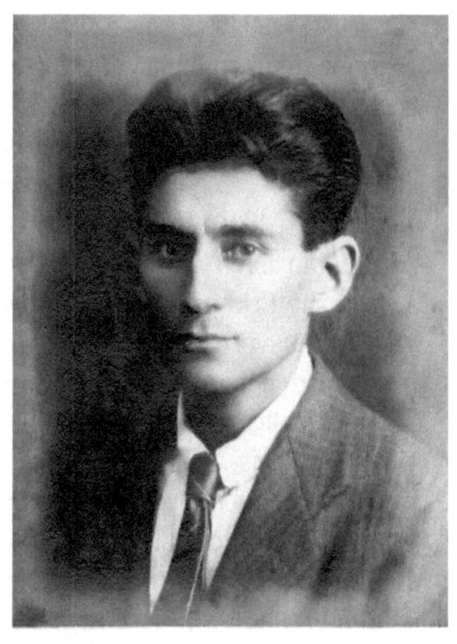

Abb. 34: Franz Kafka auf einer Fotografie aus dem Jahre 1917.

Seit er seine Fantasievorstellung, Prag zu verlassen und sein Glück in der schönen neuen Welt in Übersee zu finden, endgültig begraben hat, fristet er ein monotones Leben und seine verhasste Tätigkeit in der Verwaltung der Asbestfabrik trägt ab 1912 dazu bei, dass er auch keine Hoffnungen mehr hat, je von der Literatur leben zu können. Dunkle Gedanken schleichen sich ein und Kafka denkt nicht nur einmal an Selbstmord. Diese Depressionen werden ihn bis zu seinem Ende nicht mehr loslassen. Seinem Freund Max Brod (1884–1968) verrät er, dass ihm nicht mal mehr der Bordellbesuch Freude bereite. Er ist desillusioniert, hat sich sein Leben anders vorgestellt, meint, nichts erreicht zu haben, und auch mit den Frauen hat er kein Glück. Er verlobt sich zwar dreimal mit zwei unterschiedlichen Frauen (zweimal mit Felice Bauer und einmal mit Juli Wohryzek), bleibt aber unverheiratet und kinderlos und, von kleineren Unterbrechungen abgesehen, weiterhin bei seinen Eltern lebend. Wichtige Bezugspersonen sind seine drei Schwestern Elli (1889–1941), Valli (1890–1942) und vor allem Ottla (1892–1943), die alle während des Holocaust in Konzentrationslagern den Tod finden.

1917 erkrankt Franz Kafka an Tuberkulose, wie so viele Hunderttausende in Europa in den späten 1910ern und frühen 1920er Jahren. Er ist gerade mit Felice Bauer verlobt (1887–1960), die ihn zur Eheschließung drängt, allerdings kann Kafka nun den Trumpf der Krankheit ausspielen, da er nicht willens scheint, sich tatsächlich mal zu verheiraten, außerdem hat er weiterhin den Wunsch, schriftstellerisch in Erscheinung zu treten, doch Bauer bringt hier nicht das Verständnis mit, das er sich gewünscht hätte. Er löst also die Verlobung auf und rechnet zu Beginn noch mit einer Heilung der Tuberkulose. Allerdings schürt die Erkrankung zugleich seine Todessehnsucht und seinen Lebensverdruss, so meint er 1917 einmal, dass Tuberkulose keine allzu besondere Krankheit sei, »sondern nur eine Verstärkung des allgemeinen Todestriebes«. In den kommenden Jahren aber wird das Arbeiten für ihn immer schwerer, er muss sich oft krankmelden, was ihm, der ohnehin nicht viel Zuneigung zu seinem Brotberuf hat, gar nicht so unrecht ist. Fünf Jahre, nachdem er die Diagnose Tb bekommen hat, wird er krankheitsbedingt frühpensioniert. Er hat nun endlich Zeit, sich ganz dem Schreiben zu widmen, und er denkt viel über die Zukunft und seinen Gesundheitszustand nach: »Immerfort suche ich eine Erklärung der Krankheit, denn selbst erjagt hab ich sie doch nicht ...« Der Hypochonder Kafka, der schon als Teenager meint, die diversesten Krankheiten zu haben, findet jedoch Gefallen am Leiden – eine Tugend, die auch seine literarischen Figuren beherrschen. Wenige Wochen, bevor er mit der Arbeit zum Roman *Das Schloss* beginnt, notiert er:

> Die systematische Zerstörung meiner selbst im Laufe der Jahre ist erstaunlich, es war wie ein langsam sich entwickelnder Dammbruch, eine Aktion voll Absicht. Der Geist, der das vollbracht hat, muss jetzt Triumphe feiern; warum lässt er mich daran nicht teilnehmen? Aber vielleicht ist er mit seiner Arbeit noch nicht zuende und kann deshalb an nichts anderes denken.

Klingt kryptisch – dahinter steckt aber Kafkas Verbitterung über seine Situation: krank, unglücklich und willens, doch noch literarisch zu reüssieren, endlich ein großes Werk zu vollenden. Und dazu unternimmt er nun auch konkrete Schritte: Auf Kur will er seinen nächsten Roman schreiben.

Es ist der 27. Januar 1922. Franz Kafka kommt im Luftkurort Spindelmühle an. Er hofft, dass er hier Linderung für sein

Lungenleiden erfährt. Sein Koffer wurde während der Reise beschädigt, ein Umstand, der ihn ärgert. Er erreicht das Foyer, wo er als »Dr. Josef Kafka« gemeldet ist. Das Zimmer ist spartanisch eingerichtet, die Beleuchtung trübe, aber er ist auch nicht hier, weil er ein schönes Zimmer erwartet, nein, er ist hier, weil er gesund werden und weil er schreiben möchte. Er möchte seine Romanidee verwirklichen. Aus diesem Grund befinden sich im Koffer auch Dutzende lose leere Blätter und etliche Notizhefte und, weil er weiß, dass Feder und Tinte hier wohl schwer aufzutreiben sein werden, auch gleich ein paar Bleistifte.

Er hat diesen Roman so gut geplant wie keinen zuvor, aber eigentlich nur das Schreiben daran – die Handlung legt er noch nicht konkret an. Er möchte sich, so hat es den Anschein, selbst überraschen. Das Schreiben geht zügig und wird nur unterbrochen von den Therapien und Heilbädern. Am liebsten würde er überhaupt durchschreiben. Er notiert:

> Merkwürdiger, geheimnisvoller, vielleicht gefährlicher, vielleicht erlösender Trost des Schreibens: Das Hinausspringen aus der Totschlägerreihe Tat – Beobachtung, Tat – Beobachtung, indem eine höhere Art der Beobachtung geschaffen wird, eine höhere, keine schärfere, und je höher sie ist, je unerreichbarer von der »Reihe« aus, desto unabhängiger wird sie, desto mehr eigenen Gesetzen der Bewegung folgend, desto unberechenbarer, freudiger, steigender ihr Weg.

Die ersten Seiten des Romans erscheinen eher so, als hätte Kafka einen kurzen Text, Novellenlänge, geplant. Er verzichtet auf allzu viele Dialoge und beginnt mit den Sätzen: »Es war spät abends, als ich ankam. Das Dorf lag in tiefem Schnee. Vom Schlossberg war nichts zu sehen, Nebel und Finsternis umgaben ihn, auch nicht der schwächste Lichtschein deutete das große Schloss an.« Und Kafka findet Gefallen an dieser Stille, die er für den gesamten Roman plant. Ein kleines Dorf, ein großes Schloss und inmitten des Geschehens der winzige, unbedeutende Erzähler. Das Manuskript wächst und wächst. Kafka ist bereits im dritten Kapitel, da beschließt er, die Ich-Perspektive aufzugeben und zur dritten Person zu wechseln. Er überarbeitet somit das bisherige Manuskript. Alle »ich«, »mein«, »mir«, »mich« werden getilgt und durch »er«, »ihn«, »ihm«, »sein« und »K.« ersetzt. Es wird also wieder Kafkas Alter Ego Josef K. zur tragenden Figur, den man schon aus dem vorangegangenen, ebenfalls Fragment gebliebenen Roman *Der Process* kennt. Der Landvermesser wird eines Tages in ein Dorf gerufen, wo man eigentlich dachte, man hätte sein Kommen bereits abgelehnt, was aber durch behördliches Versagen eben doch nicht passierte. Es heißt im Roman:

> Eines fernen Tages ging beim Dorfvorsteher eine überraschende Mitteilung der Schlossbehörde ein: Es werde ein Landvermesser berufen, daher solle man alle Pläne und Aufzeichnungen bereithalten, die für die Arbeit dieses Mannes notwendig seien. Ein Landvermesser? Wir bedanken uns, schrieb der Vorsteher zurück, aber wir brauchen keinen Landvermesser. Diese Antwort gelangte jedoch nicht an die ursprüngliche Abteilung – nennen wir sie A, sondern an eine andere Abteilung B, und auch dort unvollständig, nämlich in Gestalt eines leeren Aktenumschlags, auf dem lediglich vermerkt war, dass es sich um die Berufung eines Landvermessers handle. [...] Wieder verstrichen Jahre, bis, eines Abends, unversehens ein Fremder im Wirtshaus zur Brücke auftauchte und sich – es war unfassbar – als der vom Schloss berufene Landvermesser vorstellte.

Diese ganze Schlossatmosphäre, die Berge, der Schnee, die Düsternis, hat auffällig viele Züge des Stummfilmlassikers *Nosferatu – Eine Symphonie des Grauens* von Regisseur Friedrich Wilhelm Murnau (1888–1931) aus dem Jahr 1922. Der Film wurde unweit des Kurortes, an dem Kafka sich nun befindet, gedreht, und es ist anzunehmen, dass der Schriftsteller *Nosferatu* gesehen hat. Es ist für Franz Kafka erfreulich, dass er wieder Lust am Schreiben hat, notierte er doch noch einige Monate zuvor in sein Tagebuch: »Das Schreiben versagt mir«, und vielleicht hat er ja die Dreharbeiten beobachtet und dadurch Inspiration erhalten.

Die Stimmung im Roman hat aber auch Parallelen zu Kafkas aktuellem Leben. Denn als er in Spindelmühle ankommt, ist es eiskalt und die Schneemassen türmen sich. Immer wieder rutscht er auf den menschleeren Wegen hinauf zum Kurgebäude aus. Er erschrickt, war er doch nicht vorbereitet auf derartige Wetterbedingungen. Kafka fürchtet eine Lungenentzündung. Sein Arzt hatte ihm diesen Aufenthalt verordnet, jedoch einen anderen Kurort, Semmering in Niederösterreich nämlich, welcher Kafka von Franz Werfel ans Herz gelegt worden war, aufgrund der unsicheren Wetterverhältnisse, verboten. Doch Kafka mag die Einöde in Spindelmühle, auch wenn er, wie erwähnt fürchtet, dass er sich verkühlen könnte. Und die nun vorgefundenen Schneemassen inspirieren ihn für den Roman: Dorf, Schloss, Schnee, Pension. Er borgt sich ein Buch über eine Arktisexpedition aus. Sein Plan ist es, eine vollkommen überzeichnete Wettersituation in dem Dorf im Buch zu schaffen. Und so heißt es im *Schloss,* dass Frühling und Sommer nicht »viel mehr als zwei Tage« dauern und gelegentlich schneie es sogar im Sommer. Diese Schneewüste wird zum zentralen Dreh- und Angelpunkt im Roman. Für den Landvermesser K. bildet sie, neben dem Schloss selbst, die zweite unüberwindbare Festung.

Die Wochen auf der Kur nutzt er, um eine Arbeitsroutine zu entwickeln. Nach dem Frühstück wird geschrieben, nach den Heilbädern wird geschrieben, abends auf dem Zimmer wird geschrieben. Und Kafka verarbeitet viel in dem Roman, nicht nur Aktuelles: Die dörfliche Dependance des Schlosses zum Beispiel bekommt den Namen »Herrenhof«, genauso wie das Wiener Café, in dem seine Verflossene, Milena Jesenská, oft auftrat. Und die Figur der Frieda besitzt starke Züge Milenas; genauso wie die Olga, die im Roman auftritt – sie ist eine Schwester des Barnabas, eines Gehilfen, der Zugang zum Schloss hat – Kafkas Schwester Ottla nachempfunden ist. Die Dorfbewohner skizziert Franz Kafka zwar als ärmlich, aber als durchaus mit einem gewissen Stolz ausgestattet. Die Frauenfiguren, mit Ausnahme Amalias, werden als Quasi-Prostituierte beschrieben, die den Beamten, die vom Schloss ins Dorf kommen, zur Verfügung stehen müssen. Einzig, wie gesagt, Amalia möchte das nicht, woraufhin sie und ihre Familie zu Ausgestoßenen werden. Ob es Absicht ist oder schon der angeschlagenen Gesundheit Kafkas geschuldet, aber Amalia wird zu Beginn der Geschichte als »Blonde« beschrieben, in weiterer Folge aber als Frau mit

»schwarzen Haaren«. Es ist wahrscheinlich, dass Kafkas letzte Liebe, Dora Diamant, hier Modell stand.

Das Schloss, in dem es regelmäßigen Parteienverkehr gibt oder jedenfalls geben sollte und in das die Dorfbewohner kommen können, wenn sie ein Anliegen haben – jedenfalls kommen *könnten* –, wird als schäbig und heruntergekommen beschrieben, ist aber dennoch irgendwie der Stolz des Dorfes. Tatsächlich aber, das erkennt die Hauptfigur K., der Landvermesser, schon bald, gelingt es auch den Dorfbewohnern nicht, mit ihren Sorgen und Problemen ein offenes Ohr im Schloss zu finden. Mit Fortdauer des Buches wirken alle immer zermürbter. Der Besitzer des Schlosses, an und für sich ein wichtiger Charakter, eine Schlüsselfigur, spielt überhaupt keine wichtige Rolle und wird von Kafka nur zu Beginn erwähnt, aber sein Name ist auch schön doppeldeutig: Graf Westwest. Noch westlicher als der Westen, also eigentlich im Niemandsland, so könnte man den Namen deuten.

In jedem Fall ist *Das Schloss* ein unverkennbar autobiografischer Roman, aber es ist kein Schlüsselroman, um etwa Franz Kafka besser verstehen zu können, es ist wohl eher seine Verarbeitung des unmittelbaren Umfelds, vielleicht auch schon eine Form des Abgesangs, zumindest ist es Kafkas ganz persönliche Verarbeitung seines Verhältnisses zu Frauen. Auch typisch für ihn ist, dass die Hauptfigur K. in dem Buch keinerlei Lernprozess oder irgendeine Form von Fortschritt durchwandert, vielmehr stagniert alles. K., alle Dorfbewohner und die Bürokratie des Schlosses, einzig das Wetter wird immer unwirtlicher. Und wie schon einmal erwähnt, ist sich Kafka nicht klar, wie der Romanverlauf weitergehen sollte. In Dutzenden Tagebuchkommentaren sinniert er über einzelne Szenen im Buch.

Gegen Ende August 1922 bricht Kafka bereits schwer erkrankt die Arbeit an seinem ambitionierten Romanprojekt ab. Er schreibt Anfang September an Max Brod: »[...] habe die Schlossgeschichte offenbar für immer liegen lassen.« Sicher ist er sich zwar zum damaligen Zeitpunkt noch nicht gewesen, aber er sollte Recht behalten. Keine Zeile sollte mehr ergänzt werden.

Das Buch endet mit einer Unterhaltung der Herrenhofwirtin mit K. Dabei sprechen die beiden über die Kleidung der Wirtin, die wenig Deutung zulässt. Einige kleinere ergänzte und unfertige Einzelstellen existieren zudem, manchmal mitten im Satz abgebrochen. Gegenüber Max Brod äußert sich Kafka jedoch darüber, wie der Roman hätte fortgeführt werden können. Kafka plant, dass »der angebliche Landvermesser« teilweise »Genugtuung« in seinem Streben erhält, sich dem Schloss zu nähern und die dortige Bürokratie zu durchdringen. Er soll kleine Achtungserfolge feiern dürfen und nicht gänzlich an der, scheinbar unüberwindbaren, Festung verzweifeln.

> Er lässt in seinem Kampfe nicht nach, stirbt aber vor Entkräftung. Um sein Sterbebett versammelt sich die Gemeinde und vom Schloss langt eben die Entscheidung herab, dass zwar ein Rechtsanspruch K.s, im Dorfe zu wohnen, nicht bestand, – dass man ihm aber doch mit Rücksicht auf gewisse Nebenumstände gestatte, hier zu leben und zu arbeiten.

Kafka bringt die Kraft und die Energie nicht mehr auf, die es benötigt hätte, den Roman zu einem Schluss zu bringen, und das eigentliche Ende des Buches war ja selbst für ihn noch unbekannt. Ideen gab es zwar, aber mehr auch nicht. Am 12. Juni 1923 notiert Kafka in sein Tagebuch – es ist das letzte heute erhaltene Tagebuchblatt: »Immer ängstlicher im Niederschreiben. Es ist begreiflich. Jedes Wort, gewendet in der Hand der Geister – dieser Schwung der Hand ist ihre charakteristische Bewegung – wird zum Spiess, gekehrt gegen den Sprecher. Eine Bemerkung wie diese ganz besonders. Und so ins Unendliche.«

Kurz nachdem Kafka das Projekt *Schloss* 1923 unvollendet beiseitelegt, ereignet sich etwas, das im höchsten Maße kafkaesk ist: Ende September flattert ein Brief vom Steueramt bei ihm ein (Rp 38/21 ist als Aktenzeichen angegeben), worin er ersucht wird zu erklären, wann in der Firma *Erste Prager Asbestwerke*, deren Gesellschafter er ja war, die letzten Kapitaleinlagen erfolgten. Kafka antwortet sofort brieflich, dass er schwer erkrankt sei, daher nicht persönlich kommen könne, aber dass es seit 1914 keine Aufstockung des Kapitals gegeben habe und die Firma bereits 1917 aus dem Handelsregister gelöscht

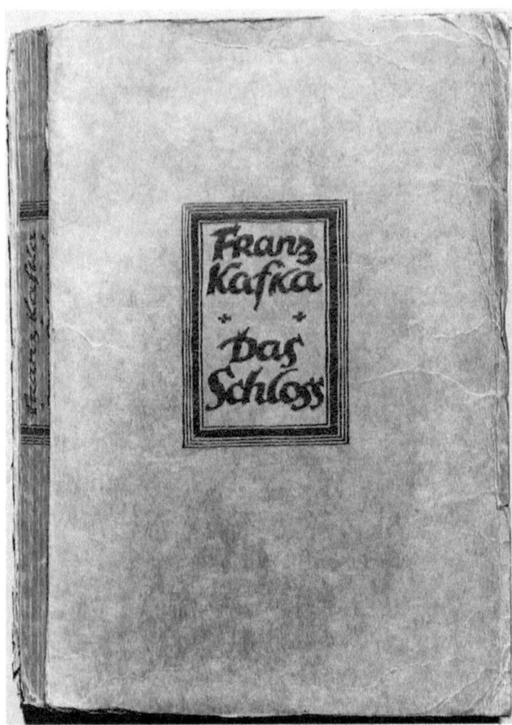

Abb. 35: Die erste Ausgabe des unvollendeten Romans aus dem Jahre 1926, erschienen im Münchner Kurt-Wolff-Verlag.

worden sei, also schon seit geraumer Zeit gar nicht mehr existiere. Einige Tage später kommt ein neuerliches Schreiben des Steueramtes, wo man nach dem Grund für Kafkas Schreiben fragte, weil man von einer Akte mit dem Aktenzeichen Rp 38/21 gar nichts wisse.

Kafka ist erleichtert, hat er doch für solche Dinge nun überhaupt keinen Kopf mehr, allerdings freut er sich zu früh. Gut vier Wochen nach diesem letzten Schreiben kommt nämlich ein weiteres des Steueramtes, in dem es nun heißt: »Sie werden aufgefordert, die hiesige Zuschrift vom 25. September 1922 Rp 38/21 binnen acht Tagen zu beantworten, widrigenfalls wird bei der Finanzbezirksdirektion Prag Anzeige behufs Auferlegung einer Ordnungsstrafe erstattet werden.«

Hier muss sich Kafka doch sehr an seine eigenen Geschichten erinnert gefühlt haben. Die Irrwege der Bürokratie, bedeuten ja auch für seine Figur Josef K. im Roman *Der Prozess* das Verderben. Er beantwortet das neuerliche Schreiben, irritiert, aber artig, danach hört er nichts mehr vom Steueramt.

Aber es ist nicht alles schlecht zu dieser Zeit, in der seine Gesundheit schlechter wird und er das Schreiben am *Schloss* aufgegeben hat, ganz im Gegenteil. Franz Kafka findet ein Liebesglück. Mit seiner letzten Lebensgefährtin Dora Diamant (1898–1952), die er während eines Aufenthalts am Ostseebad Mürlitz, nahe Rostock kennenlernt, zieht Kafka im September 1923 nach Berlin-Steglitz. Kafka ist nun mittlerweile Pensionär, ein Umstand, mit dem er zwar zu Beginn zu kämpfen hatte, über den er aber mittlerweile froh ist, da er so dem Beamtentum den Rücken kehren konnte. Diamants Vater ist entschieden gegen die Verbindung mit Kafka, dem Schwerkranken und baldigen Pflegefall. Aber die beiden lieben sich und wollen zusammen sein, allen Unkenrufen zum Trotz. Es gelingt Kafka also, sich schließlich doch von seinem Elternhaus zu trennen. Kafkas Vater und auch seine Mutter haben ebenfalls anfangs Vorurteile gegenüber Dora, aber sie sehen, wie aufopfernd sich diese um ihren kranken Sohn kümmert, denn sie besucht ihn jeden Tag im Sanatorium Kierling bei Klosterneuburg (Niederösterreich). Zuletzt kann Franz Kafka nicht mehr essen, nur unter Schmerzen trinken und auch nicht mehr sprechen. Die Tuberkulose hat längst seinen Kehlkopf angegriffen. Er hustet viel, manchmal auch Blut, dabei durchfährt ihn jedes Mal ein stechender Schmerz, dann füllen sich seine Augen mit Tränen. An seinen Freund Robert Klopstock richtet er folgende Zeilen:

> Liebster Robert, ich übersiedle in die Universitätsklinik des Prof. Dr. M. Hajek, Wien IX Lazarettgasse 14. Der Kehlkopf ist nämlich so angeschwollen, dass ich nicht essen kann, es müssen (sagt man) Alkoholinjektionen in den Nerv gemacht werden, wahrscheinlich auch eine Resektion. So werde ich einige Wochen in Wien bleiben. Herzliche Grüße. Franz.

Kafka schreibt dies am 10. April des Jahres 1924. Der Aufenthalt in Wien ist allerdings eine erfolglose Episode. Der Zustand verbessert sich nicht. Was folgt, ist die letzte Station im Leben des Autors. Nach neun Tagen in Wien fährt Kafka in Begleitung seiner Lebensgefährtin nach Kierling. Dora schreibt an Kafkas Eltern: »Es ist 25 Minuten von Wien. Der Arzt wird zur Behandlung hinkommen. Ich war heute dort, ein prachtvolles Balkonzimmer im Süden gewonnen. Es ist eine Waldgegend, liegt wunderbar. Ab Sonnabend Adresse: Sanatorium Dr. Hoffmann. Klosterneuburg-Kierling.« 44 Tage hat Franz Kafka da noch zu leben.

An einem Sonntag Ende Mai notiert einer der behandelnden Ärzte, Dr. Beck, der tags zuvor mit Dora Diamant über Kafkas Zustand gesprochen hatte, für einen Kollegen:

> Herr Kafka hatte sehr starke Schmerzen im Kehlkopf, besonders beim Husten. Bei der Nahrungsaufnahme steigern sich die Schmerzen derart, dass das Schlucken fast unmöglich ist. Ich konnte im Kehlkopf einen zerfallenden tuberkulösen Prozess konstatieren, der auch einen Teil des Kehldeckels mit einbezieht. [...] Ich musste ihr [Anm.: Dora Diamant] klarmachen, dass Dr. Kafka sowohl in der Lunge als auch im Kehlkopf sich in einem Zustand befinde, in dem kein Spezialist ihm mehr Hilfe bringen kann, und man nur durch Pantopon oder Morphium die Schmerzen lindern kann.

Noch am Sterbebett nimmt Kafka Korrekturen an seinem letzten Buch *Der Hungerkünstler* vor. Am *Schloss* arbeitet er nicht mehr. Diesen Roman lässt er unvollendet. Im Juni 1924 fällt ihm dann das Atmen immer schwerer. Am 3. Juni, es ist kurz nach Mitternacht, stirbt Franz Kafka, rund einen Monat vor seinem 41. Geburtstag.

Nach seinem Tod findet sein Freund Max Brod am Schreibtisch Kafkas einen Notizzettel, auf dem steht, dass Brod alle Werke von ihm verbrennen solle. Da die Notiz älter zu sein scheint, was Brod an der Handschrift zu erkennen glaubt, verwirft er diesen Willen und veröffentlicht in den Folgejahren Franz Kafkas Werke und macht seine Literatur somit weltberühmt.

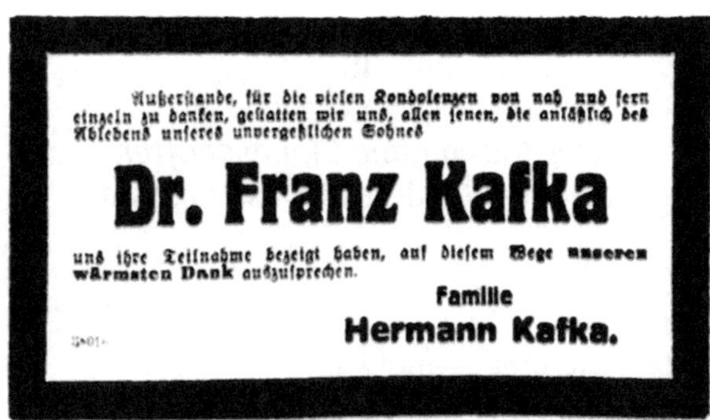

Außerstande, für die vielen Kondolenzen von nah und fern einzeln zu danken, gestatten wir uns, allen jenen, die anläßlich des Ablebens unseres unvergeßlichen Sohnes

Dr. Franz Kafka

uns ihre Teilnahme bezeigt haben, auf diesem Wege unseren wärmsten Dank auszusprechen.

Familie
Hermann Kafka.

Abb. 36: Anzeige der Familie Kafka, nach dem Tod des Schriftstellers:
Außerstande, für die vielen Kondolenzen nah und fern einzeln zu danken, gestatten wir uns, allen jenen, die anlässlich des Ablebens unseres unvergesslichen Sohnes Dr. Franz Kafka uns ihre Teilnahme bezeigt haben, auf diesem Wege unseren wärmsten Dank auszusprechen, Familie Hermann Kafka.

16

Der Mann ohne Eigenschaften als unvollendetes Opus magnum

Steckbrief

Werk: Der Mann ohne Eigenschaften
Jahr der Unvollendung: 1942
Urheber: Robert Musil (1880–1942)

Robert Musils Werk ist über die Jahrzehnte schon oft vergessen und neu entdeckt worden. Warum seine Rezeption in solchen Phasen verläuft, ist nicht ganz klar, in jedem Fall ist sein Werk ein sehr sonderbares. Vielleicht liegt das auch daran, dass er ein Österreicher war, der viel lieber in Deutschland lebte, aber liebend gerne über typisch Österreichisches schrieb.

Robert Musil wird 1880 in Kärnten, genauer in Sankt Ruprecht nahe Klagenfurt geboren, wächst anschließend in Mähren auf. Er entstammt einer Beamtendynastie. Der Vater Alfred Musil ist angesehener Ingenieur und Professor an der Deutschen Technischen Hochschule Brünn, die Mutter Hermine die Tochter des Eisenbahnbau-Pioniers Franz Xaver Bergauer. Robert Musil ist 1880 das langersehnte zweite Kind der beiden. 1876 ist ihr erstes Kind, eine Tochter, verstorben. Und obwohl Robert seine Schwester niemals kennengelernt hat, ist sie später in seinen Tagebuchnotizen omnipräsent.

Was er beruflich machen möchte, das bleibt sehr lange vollkommen unklar. Zu Beginn schwebt ihm eine Militärkarriere vor, dann möchte er Ingenieur werden, dann Professor der Philosophie. Seine traumatischen Erlebnisse in der k. u. k. Kadettenanstalt möchte er unbedingt aufarbeiten. Aber wie? Literarisch? Er hat noch nie zuvor geschrieben. Zu Beginn noch nicht einmal Tagebuch, was sich später freilich ändern wird, da wird er emsig schreiben. Aber zu Beginn traut er sich Derartiges nicht zu und bietet deshalb zwei Trivialautoren den Stoff an. Beide lehnen ab, weil sie darin keinen Profit sehen. Der Berliner Literaturkritiker Alfred Kerr, den Musil kennenlernt, und der eine Art väterliche Bezugsperson wird, bestärkt den jungen Autor, seinen Zöglingsroman zu schreiben, und so publiziert er tatsächlich 1906 sein erstes Buch *Die Verwirrungen des Zöglings Törleß* im Wiener Verlag. Kerr geht dabei im Vorfeld nicht nur jede einzelne Seite des Manuskripts mit Musil durch, sondern bearbeitet sie auch mit ihm. Eine ungewöhnliche Beziehung zwischen Kritiker und Autor, bei der der eigentlich spätere Rezensent die Aufgabe eines Lektors übernimmt. Und wider Erwarten wird das Buch zu einem großen Erfolg, sowohl bei der Leserschaft als auch bei der Kritik. Robert Musil, der mittlerweile in Berlin lebt und studiert, ist also quasi über Nacht angesehener Schriftsteller geworden.

Parallel zum *Törleß* schreibt er auch seine Dissertation an der Berliner Friedrich-Wilhelms-Universität, das Thema: *Beitrag zur Beurteilung der Lehren Machs*, gemeint ist der geistige Vater der Wissenschaftsgeschichte, Ernst Mach (1838–1916). Die Arbeit wird 1908 eingereicht und für »sehr gut« befunden, woraufhin ihm eine Assistentenstelle als Experimentalpsychologe an der Hochschule angeboten wird. Musil schlägt aus. Er möchte sich nun ganz seiner Schriftstellerkarriere widmen.

Im gleichen Jahr lernt Musil, der bis dahin ruhelos auf der Suche nach einer Partnerin gewesen ist, die sechs Jahre ältere Martha Marcovaldi (1874–1949) kennen. Sie ist verwitwet und von ihrem zweiten Ehemann, dem Römer Enrico Marcovaldi, getrennt, kommt aus dem jüdischen Großbürgertum Berlins und lebt mit ihren zwei Kindern Gaetano und Annina als freischaffende Malerin in der deutschen Bundeshauptstadt. Nicht nur, dass Martha also älter ist, nein, sie ist auch schon zweimal verheiratet gewesen und zweifache Mutter, eine gesellschaftlich nicht ganz einfache Verbindung. Aber wo die Liebe eben hinfällt ... 1910 zieht Musil nach Wien um und als das Paar sich 1911 verheiratet, folgt ihm Martha mit ihren beiden Kindern nach Österreich. Musil wird Stiefvater des zwölfjährigen Gaetano und der achtjährigen Annina. Musils Vater, der schon alles den

Bach hinunterfließen sieht, bekniet den jungen Robert, auch eine seriöse Anstellung anzunehmen, um die finanzielle Sicherheit der Familie zu gewährleisten. Und so wird Robert Musil 1911 Bibliothekar an der Technischen Hochschule Wien – eine Tätigkeit, die ihm keine Freude bereitet, die ihm aber die Zeit gibt, zu schreiben. Und er hat nun viele Geschichten im Kopf: Musil legt in kurzer Abfolge drei Erzählungen (*Das verzauberte Haus* und die beiden Novellen *Die Vollendung der Liebe* und *Die Versuchung der stillen Veronika,* die gemeinsam in dem Büchlein *Vereinigungen* erschienen) nach, die aber alle floppen; auch das Theaterstück *Die Schwärmer* fällt durch.

Im Frühjahr 1914 bekommt Musil die Stelle eines Redakteurs bei der renommierten Zeitschrift *Neue Rundschau* in Berlin angeboten – da kann er natürlich nicht Nein sagen. Nicht einmal fünf Monate arbeitet er dort, da bricht die bis dato größte Katastrophe der Weltgeschichte aus: der Erste Weltkrieg.

Als der Krieg im August 1914 beginnt, ist Musil als Offizier in Südtirol stationiert – anfangs an der Dolomiten-, dann an der Isonzofront. Die Erlebnisse, die er dort sammelt, schlagen sich später in seinem *Mann ohne Eigenschaften* nieder. Mit dem Ende des Krieges sind auch die finanziellen Mittel – immerhin hatten die Musils davor keine wirklichen Geldsorgen – aufgebraucht; das Vermögen hat die Nachkriegsinflation nicht überlebt. Der soziale Abstieg ist nicht leicht für Robert Musil, da er diesen als persönliches Scheitern empfindet. Entsprechend fühlt er sich an einem Tiefpunkt angekommen, als er mit seiner Familie in eine Unterkunft für notleidende Künstler und Intellektuelle muss. Quasi als Ablenkung beschließt er, nun auch als Romancier zu beginnen. Er selbst ist sich, als er mit den Vorarbeiten zu seinem ersten und einzigen Roman beginnt, nicht bewusst, wie ambitioniert dieser werden soll. Ein Monumentalwerk in der Dimension von späteren Büchern wie Arno Schmidts *Zettel's Traum* oder Marianne Fritz' *Dessen Sprache du nicht verstehst*: fast 11.000 teils lose Blätter, so viel zählte der Nachlass Musils zu diesem Monumentalwerk. Viele Blätter haben die Zeit nicht gut überstanden, sind verblichen, schlecht zu lesen.

Der Roman *Der Mann ohne Eigenschaften* gilt heute als ein Schlüsselroman der literarischen Moderne. Es ist wohl eines dieser Bücher, die jeder einfach kennt, obwohl es nur die wenigsten tatsächlich gelesen haben, denn an ein weit über tausend Seiten starkes Buch von solcher Komplexität traut sich nicht jedermann ran. Und obwohl die Teile des zu seinen Lebzeiten veröffentlichten Buches von der Wissenschaft und der Literaturkritik frenetisch gefeiert werden, war Robert Musil selbst mehr als unsicher, was die Bewertung seines *Mannes ohne Eigenschaften* angeht. Unzählige Male hat er viele Passagen vor der Publikation überarbeitet, verworfen, ergänzt, entfernt und getilgt. Immer und immer wieder, bis zu seinem bitteren Ende.

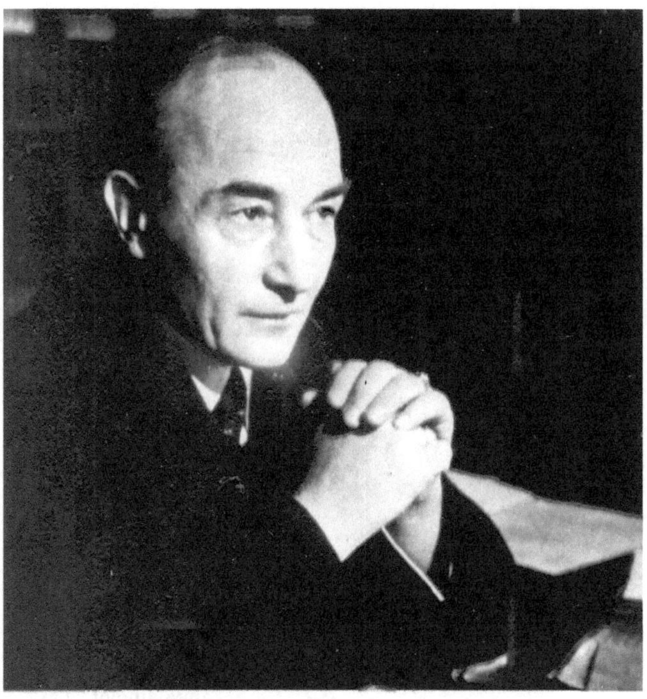

Abb. 37: Robert Musil im Jahre 1930, umgeben von seinen Manuskripten.

Im Zentrum des Romans steht Ulrich, mit Sicherheit ein Alter Ego des Schriftstellers. Ulrich beschließt, für ein Jahr Abschied vom gesellschaftlichen Leben zu nehmen. Er möchte sich ausschließlich seiner eigenen Person widmen. Was folgt, sind eine inzestuöse Beziehung mit seiner Schwester Agathe und massenhafte Anzeichen vom Scheitern, vom Verfall und vom Untergang. Ulrich wird den Kriegsausbruch im August 1914 als willkommene Abwechslung sehen.

Der erste Band des Romans ist eigentlich mehr ein epischer Essay und erscheint auf dem Höhepunkt der Weltwirtschaftskrise. Er kommt in zwei Teilen heraus. 1930 der erste, 1933 der zweite. Der zweite Teil des ersten Bandes trägt den prophetischen Titel *Ins Tausendjährige Reich (Die Verbrecher).* Der

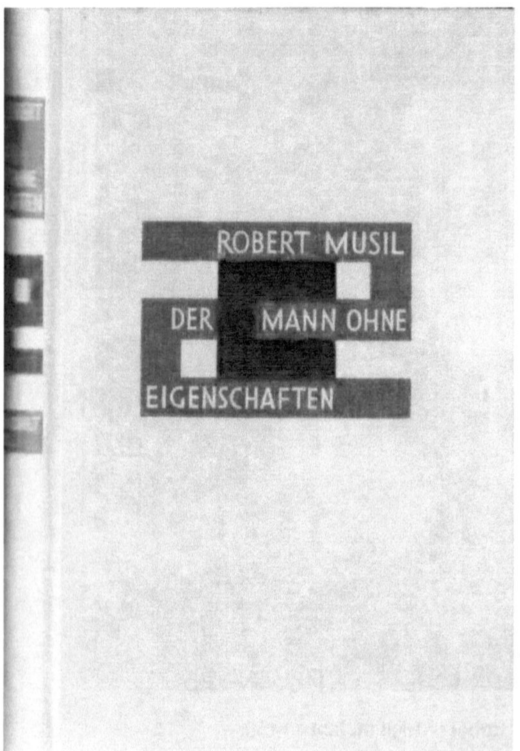

Abb. 38: Der erste Band des *Mann ohne Eigenschaften*, der 1930 (mit den Teilen 1.1 und 1.2) und 1933 (Teil 2.1) in zwei Teilen bei Rowohlt erschien. Es war für die Verlagsleitung nicht abzusehen, dass, obwohl mehrfach angekündigt, kein weiterer Band (2.2) folgen würde.

Band erscheint knapp vor Adolf Hitlers Aufstieg, nach dem Robert Musil und seine Frau die deutsche Hauptstadt sofort verlassen. Anfangs reist das Ehepaar nach Karlsbad, dann, drei Wochen später, kehren sie zurück in ihren alten Wohnort Wien.

Aus Karlsbad schreibt Musil einen Brief, in dem er den Aufstieg der NSDAP in Berlin Revue passieren lässt: »Was jetzt geschehen ist und geschieht, [...] überrascht bloss durch nackte Hässlichkeit. [...]«

Wann genau Musil mit dem *Mann ohne Eigenschaften* beginnt, lässt sich nicht sagen, aber die erste Phase muss wohl um 1904 begonnen haben und damit schon in die Zeit der Niederschrift seiner Erzählung *Törleß* gefallen sein. Die zweite Phase beginnt dann um 1918 und diesmal geht Musil über bloße Planungen hinaus. Er beginnt, konkret an dem Text zu arbeiten. Der Autor variiert anfangs noch mit verschiedenen Inhalten und Titeln: *Der Anarchist*, *Der Spion*, *Panama*, *Der Erlöser*, diese münden in *Die Zwillingsschwester* und letzten Endes, ab 1927 schließlich in *Der Mann ohne Eigenschaften*.

Als der erste Band 1930 erscheint, überschlagen sich die Lobeshymnen. Die Kritiker sprechen geschlossen von einem großen Wurf. Musil selbst hat diesen Band mit einem Bein im Grab fertiggestellt: Ab 1928 plagen den Autor böse Gallenkoliken, die einer Operation bedürfen. Auch danach streikt bei ihm die Gesundheit. Im September 1930 muss sich Musil einer weiteren Gallenoperation unterziehen. Im Arbeitsprotokoll zur Reinschrift des zweiten Bandes vermerkt er selbst zahlreiche hartnäckige fiebrige Erkältungen und Infektionen, die ihn mehr oder weniger den gesamten Winter 1930/31 lahmlegen. Musil ist ein akribischer Notierer, so führt er etwa auch über die Anzahl seiner Zigaretten pro Arbeitstag Buch. Das Rauchen nimmt bei ihm schon Züge einer Passion ein: »Ich behandle das Leben als etwas Unangenehmes, über das man durch das Rauchen hinwegkommen kann!«

Ende Dezember 1932 und Anfang des Jahres 1933 wird der zweite Band ausgeliefert, kurz bevor, wie schon erwähnt, Adolf Hitler in Berlin zum Reichskanzler ernannt wird. Thomas Mann schreibt lobend über den zweiten Band: »Ein dichterisches

Unternehmen, dessen entscheidende Bedeutung für die Entwicklung, Erhöhung, Vergeistigung des deutschen Romans außer Zweifel steht.«

Der Roman soll allerdings ein Fragment bleiben. Der Anfang vom Ende ist ein Schlaganfall, den Musil 1936 in Wien erleidet und an dessen Folgen er bis zuletzt zu nagen hat. Seine Gesundheit ist danach äußerst fragil und bleibt es auch.

Im November 1937 beginnt der Wiener Exilverlag Bermann Fischer, gegründet vom namensgebenden Verleger Gottfried Bermann Fischer (1897–1995), zwar mit dem Satz einer Zwischenfortsetzung, also einem Teil des zweiten Buches, doch Musils Korrekturen in den Druckfahnen bedeuten eine umfassende Umarbeitung. Geplant sind eigentlich zwanzig Kapitel. Dann werden es aber doch weniger, da vieles nicht fertiggeschrieben ist. Der Autor ist unzufrieden mit dem Aufbau der geplanten Teilveröffentlichung und zieht die Fortsetzungskapitel wieder zurück. Und dann läuft die Zeit aus, denn 1938 erfolgt der Anschluss Österreichs an das Deutsche Reich und die Musils müssen abermals flüchten. Im September 1938 zieht das Paar nach Zürich, 1939 schließlich nach Genf. Diese Druckfahnenkapitel, es sind rund 160 Seiten, also die nach Teil eins des zweiten Bandes folgenden sechs Kapitelentwürfe, an denen Musil bis zuletzt schrieb und feilte, sorgen seither für Kopfzerbrechen bei Herausgebern und Literaturwissenschaftlern. Einige Fragen kommen dabei auf: Sind die ergänzenden Seiten Musils als autorisierte Fortsetzung gedacht gewesen? Und inwieweit lassen sich diese Ergänzungen, die es ja niemals zur Buchform schafften, in das bestehende Konvolut des Buches einbetten? Die deutsche Literaturwissenschaftlerin Inka Mülder-Bach schreibt über die geplanten zwanzig Druckfahnenkapitel: Es sei alles ein »Garten der Pfade, die sich unabsehbar verzweigen«.

Der Alltag in der Züricher Pension Fortuna ist für den extrem lärmempfindlichen Autor nur schwer auszuhalten. Beinahe täglich beschwert sich Musil über lärmende Kinder. Er macht keinen Hehl daraus, dass er Kinder nicht leiden kann, er notiert, dass sie ihm genauso sympathisch wie »Schnecken« seien. Es ist reine Ironie, dass das Ehepaar Musil, nachdem es von Zürich nach Genf weiterreist, anfangs in einem Mütter- und Säuglingsheim untergebracht wird. Die Entbehrungen des Exils sind schwer zu verkraften für Robert Musil. Und das Leben in der Schweiz ist für die beiden kaum bezahlbar. Die Stiefkinder sind mittlerweile im Ausland. Gaetano lebt in Italien, Annina in den USA. Musil notiert: »Ich besitze in einem völlig absoluten Sinn kein Geld. Ich bemerke, während ich das niederschreibe, daß diese Tatsache, die ich bisher nach Möglichkeiten zu verheimlichen suchte, obwohl sie mich in die nächste Nähe des Suizids gebracht hat, auch im Allgemeinen gar nicht ohne Wichtigkeit ist.«

Finanzielle Unterstützung erhält das beinahe mittellose Ehepaar vom Genfer Geistlichen Robert Lejeune (1891–1970), sowie durchs schweizerische Hilfswerk. Lejeune unterstützt einige Emigranten aus Österreich und Deutschland, wobei ihn mit Musil bald eine wahre, tiefe Freundschaft verbindet. Die Männer treffen sich zum Diskutieren und Schachspielen, und während Lejeune hunderte Manuskriptseiten des *Mann ohne Eigenschaften* liest, vertieft sich Musil in die, wie er es nennt »Laien-Theologie«. Und so wichtig Musil auch diese Freundschaft ist, die Jahre im Exil sind zu belastend: Vier entbehrungsreiche Jahre werden es. Robert Musil schreibt am 20. Januar 1942, drei Monate vor seinem Tod darüber: »Stellen Sie sich einen Büffel vor, dem an der Stelle seiner gewaltigen Hörner ein anderes Hautgebilde, nämlich zwei lächerlich empfindliche ›Hühneraugen‹ entstanden. Dieses Wesen mit der gewaltigen Stirn, die einst Waffen getragen hat und jetzt Hühneraugen trägt, ist der Mann im Exil. [...] Es ist eine traurige, aber fast ebenso sehr eine lächerliche, und darum doch doppelt traurige, Situation.«

Aber obwohl das Leben im schweizerischen Exil so entbehrungsreich ist, schreibt Musil wie ein Besessener an seinem Roman weiter. Martha Musil schreibt 1940 in einem Brief an ihre Bekannte Barbara Church nach Übersee: »[...] alles ist ausgewandert. Es wird allmählich unheimlich in Genf. Meine Tochter ist in Philadelphia, mein Sohn in Rom und mein genialer Gatte in Utopia.« Damit meint sie, dass ihr Mann in der Romanwelt

Kakanien untergetaucht ist. Mit Sicherheit eine Flucht vor den Alltagsproblemen. Sie schreibt das aus dem Schweizer Exil, in dem sich die Musils befinden. Aus der Schweiz gingen solche Briefe üblicherweise ins Ausland, aber ein Großteil musste zuvor Deutschland passieren und die Gestapo las nach und vermerkte die Adressaten. Bald schon wählen Robert und Martha Musil kreative Umschreibungen, wenn sie über sich, Freunde oder Bekannte schreiben. Nur keinen Verdacht aufkommen lassen. Thomas Mann wird zu »Joe's Vater« (in Anlehnung an dessen *Joseph*-Romantrilogie), Martha selbst zur »Italienerin« und Robert Musil zum »Musikus«. Für die Musils ist es eine sehr schwere Zeit voller Strapazen und Entbehrungen. Immer wieder kommt die Fremdenpolizei zu ihnen und fragt höflich, aber bestimmt, wann sie denn gedenken, die Weiterreise in Angriff zu nehmen. Die Eheleute haben noch nicht einmal den Emigrantenstatus, weil sie offiziell keine Flüchtlinge sind und zu wenig Geld besitzen – die Behörden prüften die finanziellen Umstände der Exilanten damals aufs Genaueste. Am glücklichsten ist der Autor, wenn sich nichts ereignet. Er mag das Monotone des Alltags und verabscheut die Abwechslung.

Musil konzipiert derweil das große Finale seines Romans. Eine militärische und eine sexuelle Aufrüstung sollen miteinander einhergehen: Am Ende sollte alles in kollektiver Ekstase aus Sex, Gewalt und Wahnsinn münden. Und trotz der Rahmengeschichte des Romans, er spielt 1918, ist es kein historisches Buch. Das bekräftigt Musil immer wieder: »Die reale Erklärung des realen Geschehens interessiert mich nicht. Mein Gedächtnis ist schlecht. Die Tatsachen sind überdies immer vertauschbar. Mich interessiert das geistig Typische, ich möchte geradezu sagen: das Gespenstische des Geschehens. Auflösung gibt es freilich keine.«

Bis 1938 hat sich der erste Band des Romans rund 7000-mal verkauft. Das ist zwar nicht wenig, aber auch nicht viel und schon gar nicht so viel, dass Musil ein sorgenfreies Leben haben kann – und von dem großen Kritikerlob kann er sich auch nichts kaufen. Er schreibt dazu: »Wenn ich die Kritik überblicke, sehe ich [...] die merkwürdige Erscheinung, daß man den *Mann ohne Eigenschaften* imstande ist, bis aufs Höchste zu loben, beinahe ohne daß dabei für den Dichter davon etwas abfällt.« Ein weiterer Schlag für Musil ist es, als am 20. Oktober 1938 sein *Mann ohne Eigenschaften* von der NSDAP als »unzulässig« für das ganze Deutsche Reich erklärt wird; im April 1940 schließlich wird sein literarisches Gesamtwerk als »schädlich und unerwünscht« verboten. Er versucht zwar, mit Bittbriefen an ehemalige Gönner und Verleger etwas Geld hereinzubekommen, aber der Schlag des Nazi-Regimes ist zu massiv. Im Jahre 1940 notiert er müde: »Ich bin geboren 1880, bin 60 Jahre alt, und wir schreiben 1940. Es kommt mir wie ein bedeutsames Zusammentreffen vor. Vielleicht wird man erfinden, was so etwas bedeutet. Man hat Astrologie, Graphologie u. a. mit großer Torheit betrieben. [...] Erklärung einer Anwandlung von Zahlenmystik. Ich selbst habe den Eindruck, es winke gegen ein Ende hin.« Musil weiß, das verdeutlicht dieses Zitat, dass er sein Hauptwerk nicht wird beenden können, und er macht das mit einem ironischen Seitenhieb auf die Menschen in der Gesellschaft deutlich, die hinter allem etwas Zeichenhaftes sehen.

Seinem ehemaligen Lektor Viktor Zuckerkandl schreibt Musil am 23. Dezember 1940 resigniert: »Wie ein paar Handschellen« hänge der *Mann ohne Eigenschaften* an ihm. Und weiter: »Ich bin auch gar nicht weitergekommen mit dem Buch, doch hoffe ich: tiefer. Am liebsten wäre mir, ich würde am Ende einer Seite mitten in einem Satz mit einem Komma aufhören.« Musils Protagonist Ulrich vermutet an einer Stelle des Romans, neben der »wirklichen Wirklichkeit« würde noch eine »mögliche Wirklichkeit« existieren – fast scheint es, als hätte der Autor selbst nach dieser alternativen Wirklichkeit gesucht, eine, die alles anders gestaltet hätte.

Am 15. April 1942 arbeitet Musil an einem neuen Kapitel des Romans, Kapitel 52: *Atemzüge eines Sommertages*. Gegen 11.30 Uhr erhebt er sich, müde, vom Schreibtisch und geht in den Garten. Auch hier in Genf wird es bald Frühling werden. Dann wird der Garten blühen. Es ist ein angenehm warmer Tag. Eine gute Stunde später kommt Musils Frau in den Garten. Sie hat das Badewasser für ihn eingelassen. Sie findet ihn, tot, im Gras

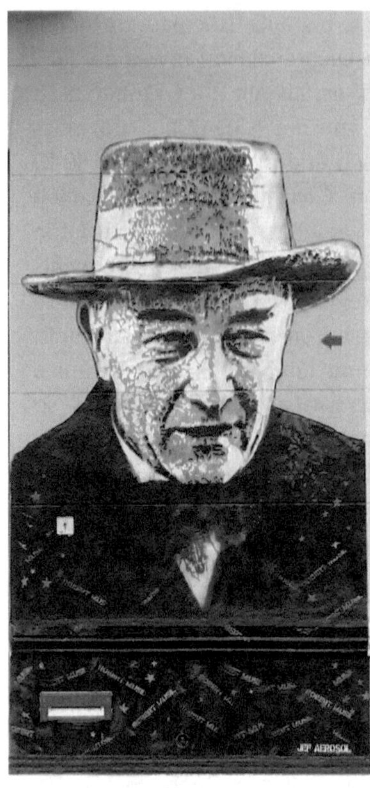

Abb. 39: Das Musilhaus, jenes Haus, in dem der Autor 1880 geboren wurde, schmückt heute ein imposantes Riesengraffiti.

liegend. Das Herz hörte einfach auf zu schlagen. Sein Monumentalwerk bleibt unvollendet. Acht Freunde finden sich zur Trauerfeier ein und der Pfarrer, Robert Lejeune, findet für Musils Person Worte, die dieser selbst, fünfzehn Jahre zuvor, über Rainer Maria Rilkes Werk notiert hatte: »Er war kein Gipfel dieser Zeit –, er war eine der Erhöhungen, auf welchen das Schicksal des Geistes über Zeiten wegschreitet.«

Die erwähnten tausenden von Manuskriptseiten trägt seine Witwe zusammen und bemüht sich um einen Nachlassband. Allerdings stößt sie auf taube Ohren in den diversen Verlagen und so finanziert sie selbst einen Privatdruck, der heute ein attraktives Objekt der Begierde bei Bibliophilen ist.

Zehn Jahre sind die Namen Musil und *Mann ohne Eigenschaften* daraufhin in der Öffentlichkeit vergessen, bis sich Ernst Rowohlt 1952 entschließt, den Roman wieder aus der Versenkung zu holen. Und der Literaturwissenschaftler Adolf Frisé editiert in den 1960ern Musils Nachlass und trägt akribisch die unvollendeten Textpassagen, Skizzen, Varianten und Ergänzungen des Romans zusammen. Eine wahre Sisyphusarbeit. Mitte der 1970er Jahre erscheint eine Musil-Monografie des DDR-Schriftstellers Rolf Schneider, der sich stark dafür macht, die Werke des Autors wieder in die ostdeutschen Buchhandlungen zu bringen. Und auch in Österreich erlebt Musils

Buch in den 1970ern eine Renaissance: Als Bruno Kreisky (1911–1990) 1970 österreichischer Bundeskanzler wird, findet man es plötzlich wieder in den Auslagen, mit dem Vermerk: »*Der Mann ohne Eigenschaften* – das Lieblingsbuch von Bundeskanzler Kreisky«. Wie kam es dazu? Der junge und aufstrebende Politiker Kreisky wurde 1938 von der Gestapo in Gewahrsam genommen. Als Jude und Sozialist war er der NSDAP ein doppelter Dorn im Auge. Nach einigen Wochen der Ungewissheit, in denen er mit der Deportation in ein KZ rechnete, erschienen zwei SS-Offiziere in seiner Zelle und stellten ihm in Aussicht, freizukommen. Die Auflage: Er müsse sofort das Land und den Kontinent verlassen. Nun heißt es überlegen. Nach Amerika? Australien? Brasilien? Da kam plötzlich die Nachricht eines Freundes. Torsten Nilsson, der spätere schwedische Außenminister, hatte eine Einreisegenehmigung erwirkt. Kreisky konnte also nach Schweden reisen – kein anderer Kontinent zwar, aber ein neutrales europäisches Land. In seiner Autobiografie schreibt er dazu:

> Mein Vater hatte mir noch schnell einen kostbaren Wintermantel machen lassen, der nicht ganz zu dieser warmen Jahreszeit paßte. [...] In den großen Taschen dieses Mantels ließ sich allerhand verstauen. Bei der Suche nach einer Reiselektüre fiel mir die kartonierte Rowohlt-Ausgabe von Robert Musils *Der Mann ohne Eigenschaften* in die Hände. Das ist wohl das beste, was ich mitnehmen kann, dachte ich mir, es wird mich immer an Österreich erinnern und ein Mittel gegen allzu großes Heimweh sein.

Am 21. September 1938 verließ Kreisky Österreich. Und Kreisky las den Roman – jedenfalls den ersten Teil – im Exil und war begeistert und fasziniert. Er bemüht sich zeitweise sogar um eine schwedische Ausgabe des Buches – das renommierte Verlagshaus Bonnier in Stockholm kann jedoch mit den Namen Kreisky und Musil nichts anfangen und sagt höflich ab.

Seit den 1970ern beginnt man, Musil auch gebührend zu würdigen, vor allem in der Wissenschaft. Man gründet die Internationale Robert-Musil-Gesellschaft in Wien, der Bruno Kreisky als Schirmherr vorsteht. Vor allem Musils *Törleß* fand zu dieser Zeit als Klassenlektüre zurück in den Deutschunterricht der Schule.

Der Mann ohne Eigenschaften ist unvollendet. Das ist die Tatsache; ob der Roman aber überhaupt jemals hätte vollendet werden können, so besessen und akribisch, wie an ihm gefeilt wurde, bleibt naturgemäß unbeantwortet. Und nicht zuletzt drängt sich auch die Frage auf, ob Robert Musil sein Hauptwerk nicht sogar vorsätzlich niemals abschloss. Seine Arbeit an dem Riesenwerk, insbesondere in den letzten zwei Jahren vor seinem Tod, lässt sich wohl mit drei Worten beschreiben: Besessenheit, Gewohnheit und Therapie.

Film

17

Marilyn Monroe und *Something's Got to Give*

Steckbrief

Werk: Something's Got to Give

Jahr der Unvollendung: 1962

Urheber: George Cukor (Regie), Twentieth Century Fox (Produktionsfirma)

Beim Filmstudioriesen Twentieth Century Fox rauchen im Frühjahr 1962 die Köpfe. Der Monumentalschinken *Cleopatra* mit Elizabeth Taylor (1932–2011) und Richard Burton (1925–1984) in den Hauptrollen hat mit 44 Millionen US-Dollar Budget zwar immens viel Geld verschluckt, an den Kinokassen jedoch nicht im Geringsten das gehalten, was man erwartet hatte. Die Studiobosse wissen, dass sie das Geld nur schwerlich wieder reinbekommen werden. Es muss eine sichere Bank her. Ein Film, der nicht viel kosten soll und mit Stars aufwartet, die die Massen ins Kino locken. Um weiter Kosten zu sparen, entscheidet man sich zudem für ein Remake. Die Screwball-Komödie *Meine Lieblingsfrau* aus dem Jahr 1940 mit Cary Grant (1904–1986) und Irene Dunne (1898–1990) soll neu aufgelegt werden. Das Drehbuch muss etwas aufgefrischt werden, das übernehmen Walter Bernstein (1919–2021) und Nunnally Johnson (1897–1977).

Man ist bereit, bei den Stars etwas tiefer in die Tasche zu greifen und dafür einen sicheren Kassenhit zu landen. Und wer ist unter den weiblichen Hollywoodstars ein sichererer Erfolgsgarant als Marilyn Monroe (1926–1962)? Platinblond, Schlafzimmerblick und Schmollmund: So verzaubert sie nach wie vor die Massen. Dank eines alten Vertrags würde die Monroe von Fox 100.000 Dollar Gage bekommen und wäre nach Ende der Dreharbeiten nicht mehr ans Studio gebunden. Damit können beide Parteien gut leben, alle sind zufrieden. Ihr zur Seite werden der allseits beliebte Dean Martin (1917–1995) und die Tänzerin Cyd Charisse (1921–2008) gestellt. Für die Regie wird George Cukor (1899–1983), einer der zu dieser Zeit erfolgreichsten Regisseure, gewonnen.

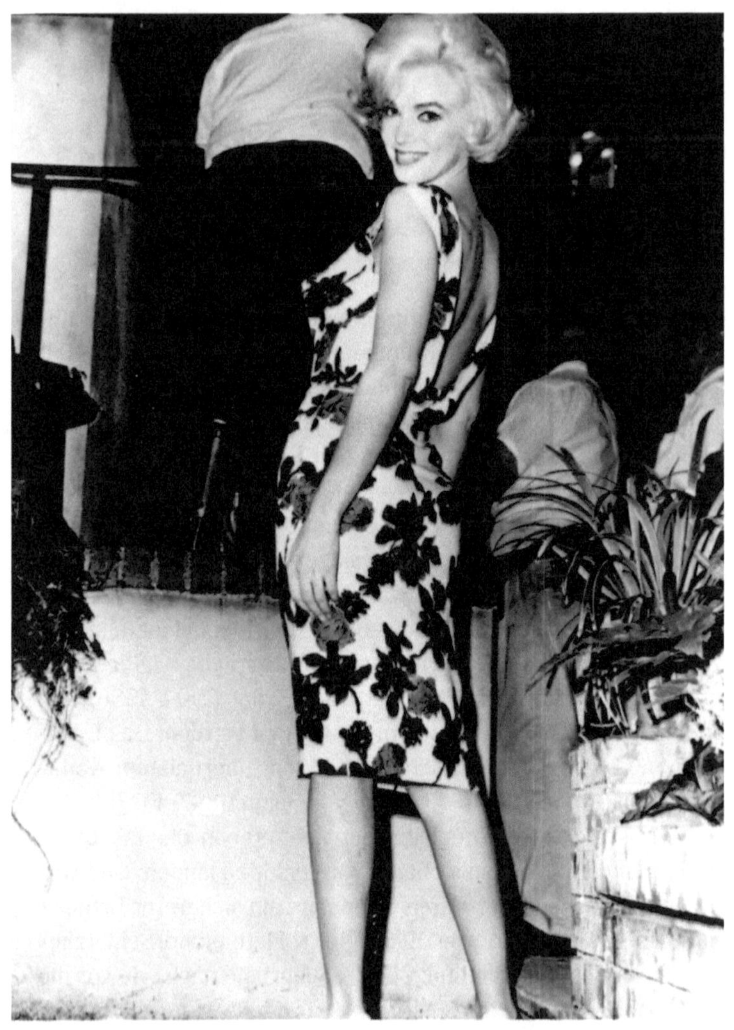

Abb. 40: Marilyn Monroe im Mai 1962 am Set von *Something's Got to Give*. Wenige Wochen zuvor war sie schon einmal beinahe an einer Medikamentenüberdosis gestorben.

Der Plot ist rasch erzählt. Die junge Zweifachmutter Ellen Arden (Monroe) geht während einer Kreuzfahrt über Bord und wird offiziell für tot erklärt. Ihr Ehemann Nick (Martin) trauert lange Zeit, schließlich lernt er aber eine neue Frau kennen, nämlich Bianca (Charisse), und heiratet sie. Fünf Jahre sind seit dem Unglück vergangen. Die beiden flittern gerade, da wird Ellen, die auf einer einsamen Insel überlebt hat, gerettet. Als sie von der neuen Frau in Nicks Leben erfährt, legt sie sich eine neue Identität zu und nimmt als Ingrid Tic mit ausländischem Akzent die Stelle des Hausmädchens bei den Ardens an. Viele heitere Momente folgen und als Nick schließlich hinter Ellens/Ingrids Geheimnis kommt, ist er überfordert mit gleich zwei Frauen an seiner Seite, er ist ja schließlich ein anständiger Typ.

Was die Studiobosse jedoch nicht wissen, ist, dass Marilyn Monroe gerade eine sehr schwere Zeit durchmacht. Sie hat über ein Jahr keinen Film gedreht und fast zwölf Kilogramm verloren. Ihr Ex-Mann, der renommierte Schriftsteller Arthur Miller (1915–2005) hat wieder geheiratet: die österreichische Fotografin Inge Morath (1923–2002), und damit nicht genug – Morath erwartet ein Kind. Das ist zu viel für die sensible Monroe, die immens unter ihrer Kinderlosigkeit leidet. Sie flüchtet sich in ihre Tabletten- und Alkoholsucht. Am 11. April 1962, keine zwei Wochen vor dem geplanten Drehbeginn zu *Something's Got to Give*, findet der Filmproduzent Henry T. Weinstein (1924–2000, der nicht mit dem verurteilten Produzenten Harvey Weinstein verwandt war) Marilyn Monroe bewusstlos in ihrem Appartement. Die Schauspielerin hatte eine gefährliche Dosis Schlafmittel intus. Von diesem Vorfall alarmiert, bittet Weinstein Fox um eine Verschiebung des Drehbeginns, aber dort lehnt man diese Bitte ab und meint süffisant, dass es ihr ja nun wieder besser gehe.

Weinstein sagt bei der Produktionssitzung: »Hätte sie einen Herzanfall gehabt, hätten wir alles abgeblasen. [...] Wo ist der Unterschied, wenn sie sich jeden Tag mit einer Überdosis umbringen kann?« Und man antwortet ihm: »Sie ist medizinisch topfit.« Doch so einfach ist die Sache nicht. Marilyn Monroe ist mittlerweile ein psychisches Wrack. Sie hat Angst, vor der

Kamera zu stehen, fühlt sich unsicher und entwickelt eine sozial belastende Paranoia. So ist sie der festen Überzeugung, dass die zweite weibliche Hauptrolle, Cyd Charisse, ihr die Show stehlen will. Sie meint, dass Charisse sich den BH ausstopfen wolle und sich die Haare blondieren würde, alles mit der bloßen Absicht, besser als sie, besser als das Original zu sein. Man versichert ihr, dass Charisse nichts Derartiges plane und sehr glücklich mit ihren braunen Haaren sei, aber Monroe schäumt. Zudem müssen die beiden Drehbuchautoren alle Textstellen entfernen, die andeuten könnten, dass Leinwandgatte Dean Martin andere Frauen attraktiver finden könnte als Leinwandgattin Marilyn Monroe. Nachdem man auch das macht, kann der Dreh am 23. April 1962 beginnen. Tut er auch, aber ohne Monroe. Die lässt sich gleich einmal krankmelden. Sie leide an einem Nebenhöhleninfekt, heißt es. Tatsächlich treten bei ihr immer wieder Atemwegsprobleme auf. Monroe kommt nach einer Woche ans Set, bleibt dann aber wieder zwei Tage fern, sodass sich Fox entschließt, die Dreharbeiten zu unterbrechen. Cukor und auch Dean Martin sind bereits massiv genervt. Und zu allem Überfluss weilt Monroes Psychiater, Dr. Ralph R. Greenson (1911–1979), zu dem sie bereits jahrelang geht, derzeit in Europa.

Die Studiobosse wissen spätestens jetzt, dass dieser Film wohl ein noch größeres Debakel werden könnte, als es *Cleopatra* wurde: Angeblich soll sich Monroe damals beim LSD-Papst und geistigen Vater der Hippie-Bewegung, Timothy Leary (1920–1996), eine kleine »Dosis« geholt haben, um dem Alltag, den Sorgen und den Ängsten wenigstens etwas entfliehen zu können.

Am 14. Mai gehen die Dreharbeiten weiter. Es ist ein Montag, und bis Donnerstag gibt es keine Zwischenfälle. George Cukor ist wieder etwas besser gelaunt und hofft, dass es nun nach all den Anfangsschwierigkeiten endlich zügig weitergeht. Doch Marilyn Monroe muss am Donnerstag nach New York fliegen. Sie muss sich auf das »Happy Birthday, Mister President«-Ständchen für John F. Kennedy bei dessen Geburtstagsgala im Madison Square Garden vorbereiten. Im Privathubschrauber von Frank Sinatra hebt sie ab und fliegt in Richtung Big Apple.

Es soll ihr letzter öffentlicher Auftritt werden. Ein mehr als legendärer, der auch heute noch allgemein bekannt ist.

Monroe erscheint schließlich die Woche darauf wieder am Set, durchaus motiviert und gut aufgelegt. Als sie jedoch mitbekommt, dass Dean Martin leicht verschnupft ist, weigert sie sich, mit ihm zu drehen. Ja, sie scheint panische Angst zu haben, sie könne angesteckt werden. Cukor setzt zähneknirschend den Dreh für zwei Tage aus, damit sich Dean Martin kurieren kann. Das Nervenkostüm sämtlicher Filmverantwortlicher ist bereits angespannt, aber man will Monroe nicht damit konfrontieren. Mittlerweile weiß jeder um ihre psychische Labilität und Kritikunverträglichkeit. Am 25. Mai kommt es zu der legendärsten Episode während der Produktion des unvollendeten Streifens. Bei einem Nachtdreh sollte Marilyn Monroe in einem hautfarbenen Ganzkörperanzug auftreten und ein paar Runden im Pool schwimmen. Eine anständige Nacktszene also für amerikanische Verhältnisse. Es ist kurz nach Mitternacht, der Pool ausgeleuchtet, aber weder Regisseur noch Hauptdarstellerin sind mit dem Studiolicht zufrieden. Der Anzug wirkt unecht, also entledigt sich Monroe einfach kurzerhand ihres Anzuges und schwimmt nun splitterfasernackt im Pool. Dutzende Fotografen sind auch anwesend und schießen einen Schnappschuss nach dem anderen. Monroe schwimmt auf und ab, tänzelt dann mit dem Handtuch vor den Linsen der Pressefotografen und schafft es am nächsten Tag prompt auf unzählige Titelseiten. Der Film hat somit schon vor der Finalisierung eine gehörige Portion Publicity. Bei Fox reibt man sich die Hände und weiß, was man an Monroe hat, nämlich ein Zugpferd, das jeden Film zu einem Kassenmagneten machen kann. Frauen mögen Monroe, weil sie modisch ist und Trends setzt; Männer mögen Monroe, weil sie pure Erotik versprüht.

Am 1. Juni feiert die Schauspielerin ihren 36. Geburtstag. Die gesamte Filmcrew singt »Happy Birthday, Marilyn« und eine große Geburtstagstorte wird aufgefahren. Es ist ihr letzter Tag vor der Kamera, aber das weiß zu diesem Zeitpunkt natürlich noch niemand. Der Film ist ja keinesfalls fertig, nein, er ist meilenweit davon entfernt. Das reine verwertbare Filmmaterial, das George Cukor zu diesem Zeitpunkt von Marilyn Monroe im Kasten hat, besteht aus läppischen sieben Minuten.

Am darauffolgenden Wochenende bekommt Danny Greenson, der Sohn von Marilyn Monroes Psychiater Ralph Greenson (1911–1979) einen verzweifelten und gleichzeitig recht verwirrten Anruf von der Schauspielerin. Er eilt sofort zu ihrer Wohnung. Die Wohnungstür ist unverschlossen, er tritt ein und findet Monroe schließlich in ihrem Bett. Dort liegt sie nackt, nur eine Schlafmaske trägt sie. Danny Greenson erinnert sich: »Die Frau war am Ende. Sie konnte nicht schlafen, [...] sagte, wie schrecklich sie sich fühle, wie wertlos. Sie fand sich hässlich und sagte, die Leute wären nur nett zu ihr, wenn sie etwas von ihr wollten. Sie habe niemanden, niemand, der sie liebe. Sie sprach davon, dass sie keine Kinder habe. [...] Sie sagte, es lohne sich nicht weiterzuleben.«

Selbst gutes Zureden hilft nicht. Marilyn Monroe liegt apathisch da. Montags geht ein Anruf bei Fox ein. Es ist Monroes Schauspieltrainerin Paula Strasberg (1909–1966). Sie sagt, dass Monroe krank sei und sicherlich länger nicht arbeiten könne. Die Dreharbeiten werden also erneut unterbrochen. Am nächsten Tag wollen die Produzenten einmal sehen, was denn von diesem Film überhaupt schon existiert, denn gerade wenn die Presse schon von den Dreharbeiten berichte, müsse bald das Endprodukt stehen. Tut es aber nicht. Und die Produzenten sind schockiert von der schauspielerischen Leistung Monroes. Cukor muss zugeben, dass er einige Szenen mit ihr nur einmal drehte, weil er merkte, dass sie nicht besser werden würden. Nun ist es Fox zu dumm. Am 8. Juni wird Marilyn Monroe gekündigt.

Die junge Schauspielerin Lee Remick (1935–1991) soll den Part Monroes spielen. Die noch recht unbekannte Remick sagt in einem Interview über Monroe: »Ich weiß nicht, ob sie einem leidtun soll oder nicht. [...] Das Filmgeschäft geht wegen Leuten wie ihr zugrunde. Schauspieler sollten mit so was nicht durchkommen.« Remick kritisiert also heftig das Verhalten Monroes während der letzten Wochen und Monate. Doch der Film wird nach dem Ausscheiden Monroes dennoch nicht weitergedreht, weil Dean Martin auf eine Klausel in seinem Vertrag pocht, die ihm erlaubt, selbst seine weibliche Filmpartnerin zu wählen, und er sagt: »Ich respektiere Miss Lee Remick [...], aber ich habe einen Vertrag über einen Film mit Marilyn Monroe unterzeichnet und werde mit niemandem sonst spielen.«

Abb. 41: Hier blickt Co-Star Dean Martin durchaus schon recht skeptisch drein.

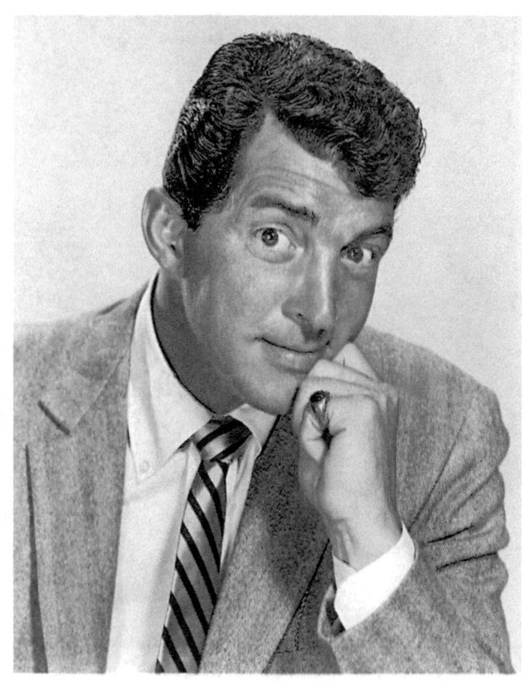

Nun reicht es Fox. Am 11. Juni werden die Dreharbeiten abgebrochen und Marilyn Monroe wird wegen ihres Vertragsbruchs auf 500.000 Dollar verklagt. Auch Dean Martin wird verklagt, weil er sich weigerte, eine andere Filmpartnerin zu akzeptieren. Ein Großteil der am Film Beteiligten schaltet in der Zeitschrift *Variety* eine sarkastische Anzeige, in der sie Monroe »danken«, dass sie nun, dank der Allüren des Stars, arbeitslos sind. Monroe gibt ihrerseits Interviews, in denen sie über Ruhm und Leistungsruck sinniert.

Eine seltsame Pattsituation herrscht, denn es gibt auch Solidarität mit Monroe. Fox sieht mittlerweile ein, dass es keinen

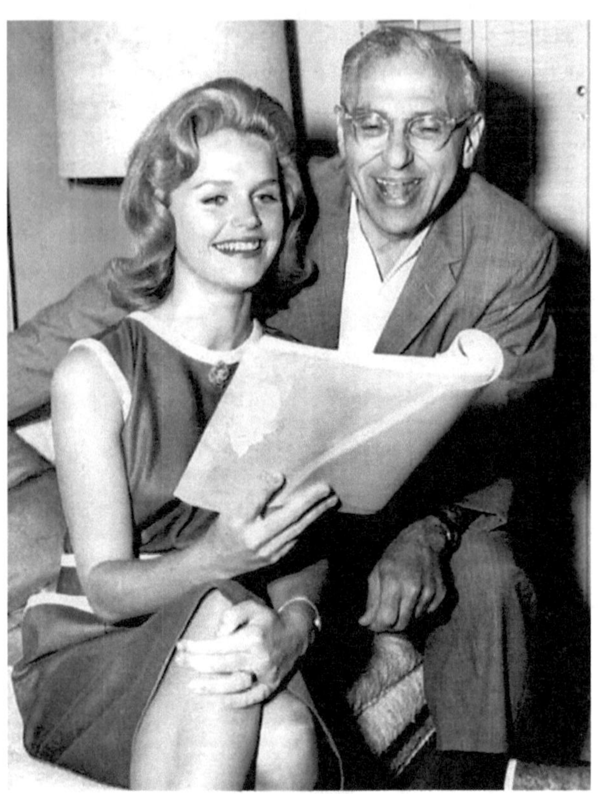

Abb. 42: Lee Remick, die Frau, die Monroe nicht am Set sehen wollte, mit dem Regisseur George Cukor während einer Drehpause.

Film ohne sie geben wird, aber man will einen Film haben, um das unansehnliche Schuldenloch zu stopfen, also versuchen die Produzenten, die Schauspielerin mit einer saftigen Gehaltserhöhung auf 250.000 Dollar zu ködern. Alle Klagen werden fallen gelassen und auch George Cukor, der Regisseur, wird ersetzt, was ihn gar nicht stört. An seiner Stelle wird Jean Negulescu (1900–1993) eingesetzt, der erfolgreiche Maler und Filmemacher, mit dem Monroe schon den Hitfilm *Wie angelt man sich einen Millionär?* (1953) gedreht hatte.

Am 25. Juli 1962 fährt Fox-Produzent Peter Levathes (1911–2002) persönlich zu Marilyn Monroe, den neuen Vertrag in der Tasche, und ein sichtlich gut gelaunter Star öffnet ihm die Türe. Levanthes sagt später über das Treffen: »Niemand wollte böses Blut. Sie sagte mir, sie wolle nicht, dass ihr Name beschädigt werden würde, noch wolle sie irgendjemanden ruinieren. Sie wirkte überhaupt nicht unglücklich oder depressiv, [...] war in bester Verfassung und freute sich darauf, wieder zu arbeiten.« Drehstart sollte Mitte August sein und auch Dean Martin schien motiviert. Nicht einmal zwei Wochen nach Levathes Besuch bei Monroe sollte dann aber das Ende des Projekts *Something's Got to Give* endgültig besiegelt werden.

Marilyn Monroes Haushältern Eunice Murray sieht in der Früh des 5. August Licht im Haus der Schauspielerin brennen und klopft. Niemand öffnet. Murray verständigt Dr. Greenson, der gegen halb vier Uhr morgens eintrifft, ebenso erfolglos klopft und schließlich das Fenster ihres Schlafzimmers einschlägt. Dort entdecken Greenson und Murray die Schauspielerin leblos auf ihrem Bett. Ihr Hausarzt wird gerufen und erklärt Marilyn Monroe kurz vor vier Uhr für tot.

Die Obduktion ergibt eine Überdosis Barbiturate, also Schmerzstiller. Ob es nun eine unbeabsichtigte Überdosis oder Selbstmord war oder ob Monroe Opfer eines Mafiamords wurde, wie zahlreiche Legenden behaupten – restlos wird man es nie klären. Es bleibt ein Hollywoodrätsel.

Von *Something's Got to Give* existieren 37 Filmminuten. Einige Szenen aus diesem unvollendeten Streifen fanden Verwendung in der großen Fox-Dokumentation *Marilyn,* die bereits 1963 erschien, sowie auch in der Dokumentation *Marilyn: Something's Got to Give* (1990), die sich mit den Entstehungsbedingungen des Films auseinandersetzt. Die 37 Filmminuten werden in der BRD unter dem reißerischen Namen *Marilyn – Ihr letzter Film* in einer Handvoll Kinos gezeigt.

Weil Fox sich aber doch nicht ganz geschlagen geben wollte, schreibt man das Drehbuch des Films etwas um et voilà, keine acht Monate nach Monroes Tod und dem damit verbundenen Tod des Filmprojekts, erscheint *Move over, Darling*, (mit dem etwas stupiden deutschen Filmtitel: *Eine zuviel im Bett*) mit Doris Day (1922–2019) als Ellen Arden, James Garner (1928–2014) als Nick und Polly Bergen (1930–2014) als Bianca. Gedreht wird sogar mit den gleichen Kulissen, denn nach den bereits erlittenen Fehlschlägen spart man, wo man kann. Die Rechnung geht voll auf: *Move over, Darling* wird einer der größten Kassenerfolge des Jahres 1964 und die Studiobosse bei Fox sind glücklich. Ein Happy End. Jedenfalls für die oberste Etage der Traumfabrik.

18

Clouzots *Die Hölle*

Steckbrief

Werk: Die Hölle (OT: L'enfer)

Jahr der Unvollendung: 1964

Urheber: Henri-Georges Clouzot (Regie), Columbia (Produktionsfirma)

Henri-Georges Clouzot, einer der großen französischen Regisseure der alten Garde, bevor die Nouvelle Vague, jene Bewegung jüngerer französischer Filmemacherinnen und Filmemacher, die den Film durch innovatives Autorenkino revolutionieren werden – man denke an Jean-Luc Godard (1930–2022), François Truffaut (1932–1984) oder Agnès Varda (1928–2019) –, hat 1964 vier harte Jahre hinter sich, Jahre der künstlerischen Krisen und Schicksalsschläge. Aber beginnen wir noch etwas früher.

Clouzot zählt in den 1950ern, wie schon erwähnt, längst zu den ganz großen Regisseuren in Frankreich, gilt aber als Choleriker am Set, der schon mal wild losschreien kann, bis bei den Schauspielenden die Tränen fließen, und als Perfektionist, der Szenen gerne auch Dutzende Male wiederholen lässt, bis sie ihm genehm sind. Mit seinem Film *Die Teuflischen* (OT: *Les Diaboliques*) liefert er 1955 einen der besten Filme der Fünfzigerjahre und einen großen Kassenerfolg ab. Es ist der Höhepunkt seiner Karriere. Clouzot ist 48. Der Legende nach soll er sich die Rechte an der Verfilmung von *Die Teuflischen* weniger als eine Stunde vor Alfred Hitchcock (1899–1980) gesichert haben. Hitchcock soll geschäumt haben.

Seit der Heirat mit der gebürtigen Brasilianerin Véra Gibson-Amado, nun Clouzot, heißt Henri-Georges Clouzots Filmproduktion *Véra Films* und seine Ehefrau und Muse ist nun Teil all seiner Filme. Im Streifen *Spione am Werk* (OT: *Les Espions*) aus dem Jahr 1957 spielt sie etwa eine stumme Patientin neben

Größen wie Curd Jürgens (1915–1982) und Peter Ustinov (1921–2004). Auch dieser Film wird von der Kritik gelobt. Ende 1958 beginnt das Ehepaar, gemeinsam das Drehbuch für den nächsten Film zu schreiben. Aber die Clouzots sind nicht alleine, denn vier weitere Drehbuchautoren mischen bei *Die Wahrheit* (OT: *La Vérité*) mit. Alles geht sehr schleppend voran und kostet sowohl Henri-Georges Clouzot als auch seine Frau einige Nerven.

Als dann die Vorproduktion ansteht, gibt es weitere Probleme. Die weibliche Hauptrolle steht mit Brigitte Bardot (*1934) als Dominique Marceau. Bardot besteht auf Jean-Luc Trintignant (1930–2022) als Co-Star, aber Clouzot entscheidet sich für den unbekannten Sami Frey (*1937). Während der Dreharbeiten feuert Clouzot dann einen der Nebendarsteller, Philippe Leroy (*1930), weil er mit dessen Leistung unzufrieden ist. Leroy verklagt die Filmproduktion daraufhin erfolgreich auf 300.000 Francs wegen Vertragsbruchs – ein schlechtes Omen, das zwar abgesehen von einer Verzögerung für den Drehplan die Arbeiten nicht beeinflusst, aber die Laune Clouzots auch nicht gerade hebt. Das Budget von 600 Millionen Francs, rund 1,5 Millionen Euro nach heutigen Maßstäben, ist mehr als imposant für damalige Verhältnisse. Der Film ist groß angelegt. Eine bedeutende Rolle spielt aber auch die Presse: Jeden Tag besetzen Dutzende Paparazzi das Filmset, und die Zeitungen sind sich sicher, dass die verheiratete Bardot eine Affäre mit ihrem Filmpartner Sami Frey haben müsse, so vertraut, wie beide vor der Kamera agieren. Brigitte Bardots Wege vom Set, zum Set und am Set werden von der Presse genauestens beobachtet. Und Jacques Charrier (*1936), ihrem Ehemann, setzen die Gerüchte um die mögliche Affäre bald zu. Er bricht zusammen und muss für einige Wochen ins Krankenhaus. Dann packt auch noch Bardots Sekretärin aus und verkauft ihre schmutzigen Geschichten an die Presse. Das wird nun auch Véra Clouzot zu viel. Sie erleidet einen schweren Nervenzusammenbruch. Henri-Georges Clouzot ist es jetzt nur noch wichtig, diesen Film zu einem Ende zu bringen. Nach sechs Monaten endlich fällt die letzte Klappe.

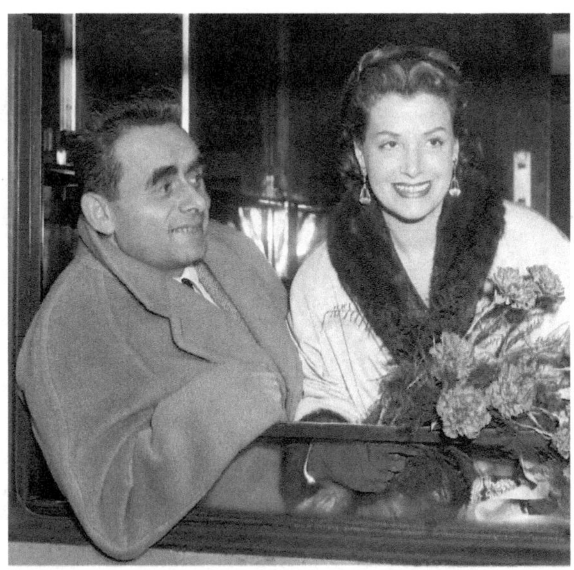

Abb. 43: Das Ehepaar Henri-Georges und Véra Clouzot, 1953, am Bahnhof Amsterdam.

Einige Wochen nach dem Ende der Dreharbeiten treffen sich Clouzot und Bardot. Der Regisseur möchte ein Gespräch in Frieden. Beide sind bedrückt. Bardot leidet unter dem medialen Druck. Sie kann kaum schlafen, ihr setzen die vorübergehende Trennung von ihrem Noch-Ehemann und all die falschen Gerüchte zu, die gerade kursieren, und Clouzot sorgt sich um die angeschlagene Gesundheit seiner Frau, die sich nach dem Zusammenbruch nach wie vor nicht erholt hat. Am 28. September 1960, kurz nach ihrem 26. Geburtstag, schneidet sich Brigitte Bardot die Pulsadern auf. Sie wird rechtzeitig gefunden und sofort ins Krankenhaus eingeliefert, wo sie mehrere Tage in Lebensgefahr schwebt. Unter dem Eindruck dieser Ereignisse kommt Clouzot bei der Filmpremiere am 2. November 1960 nur ein kleines und sehr müdes Lächeln über die Lippen. Der Film wird dennoch zu einem Triumph. Kritik und Publikum sind begeistert, Brigitte Bardots Leistung im Film wird gefeiert – es wird ihr Karrierehöhepunkt werden.

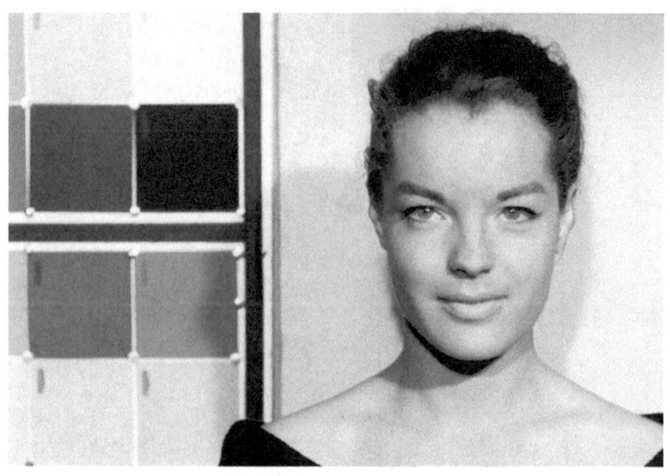

Abb. 44: Eine Setaufnahme von Romy Schneider, 1964.

Am 15. Dezember 1960 erleidet Véra Clouzot einen schweren Herzinfarkt und stirbt einige Stunden später. Sie wird gerade einmal 46 Jahre alt. Ihr Mann ist vollkommen am Boden zerstört, verliert komplett den Halt und stürzt in eine tiefe Krise. Schwer depressiv reist er nach Tahiti, wo er sich fast eineinhalb Jahre vollständig von der Öffentlichkeit zurückzieht. Für einen langen Zeitraum will er nichts vom Filmen wissen und wünscht auch, nicht darauf angesprochen zu werden, bis er eines Tages, im Frühjahr 1962 mit dem Drehbuch an *Die Hölle* (OT: *L'enfer*) beginnt.

Clouzot leidet an Schlaflosigkeit und Angstzuständen – nicht gerade die idealen Voraussetzungen, um sich wieder den Strapazen von Dreharbeiten zu stellen, aber der Franzose geht das Risiko ein. Und er arbeitet seinen eigenen Seelenzustand mit diesem Projekt auf. Der Titel *Die Hölle* ist ein Verweis auf Dante Alighieris (um 1265–1321) Jahrhundertwerk *Die Göttliche Komödie.* Die Namen der Hauptcharaktere, nämlich Marcel und Odette, verweisen wiederum auf die Hauptfiguren aus *Auf der Suche nach der verlorenen Zeit* und auf dessen Autor Marcel Proust (1871–1922) selbst. Die vielen mitwirkenden

Metaebenen zeigen, dass Clouzot etwas Großes plant, etwas Monumentales.

Clouzot will bei diesem Film eine andere Ausdrucksmöglichkeit finden als bei seinen bisherigen Projekten. Zwar soll *Die Hölle* handwerklich genauso präzise und ästhetisch sein, zugleich aber futuristisch wirken. Während seiner Auszeit liest Clouzot viel über kinetische Kunst und heuert den Objektkünstler und Maler Jean-Pierre Yvaral (1934–2002) an, damit dieser sich um das Setting für den Film kümmert. Für die Filmmusik engagiert er Gilbert Army (*1936), einen noch jungen Komponisten, Schützling von Pierre Boulez (1925–2016) und Vertreter der zeitgenössischen Moderne.

Die Handlung des Films ist nicht allzu komplex: Das Ehepaar Marcel und Odette betreibt gemeinsam ein Hotel in einer kleinen Stadt nahe der Auvergne. Die wesentlich jüngere Odette sehnt sich nach Umgang mit Gleichaltrigen und knüpft rasch Kontakte zu Leuten in der Stadt. Sie freundet sich mit der jungen Friseurin Marylou an und flirtet mit dem gutaussehenden Mechaniker Martineau. Marcel toleriert das anfangs, dann aber wächst seine Eifersucht und schließlich verfällt er dem Wahnsinn. Am Ende bringt er seine junge Frau um.

Recht rasch findet Clouzot seine idealen Hauptdarsteller. Serge Reggiani (1922–2004) kennt und schätzt er bereits länger. Ihm bietet er die Rolle des Marcel an, und Reggiani, der zu dieser Zeit auch als Chansonnier gut gebucht ist, sagt trotz dichten Terminkalenders zu. Für den Part der Odette schwirren dem Regisseur viele Namen durch den Kopf. Catherine Deneuve steht hoch im Kurs, aber schließlich wird es die Österreicherin Romy Schneider (1938–1982), die seit einiger Zeit in Frankreich arbeitet. In Österreich wird sie eine Dekade zuvor als Sechzehnjährige mit der *Sissi*-Trilogie (1954–1956) schlagartig zum Star und bekommt das Süßes-Mädchen-Image aufgedrückt, von dem sie sich nun endlich emanzipieren möchte. Schneider hat gerade die Dreharbeiten zu Orson Welles' (1915–1985) Kafka-Verfilmung *Der Prozess* abgeschlossen, wo sie als Femme fatale gute Figur macht. Und Clouzot zeigt sich rasch fasziniert von der 25-jährigen Schneider. Als Marylou werden Dany Carrel

(*1932) und als Martineau Jean-Claude Bercq (1929–2008) verpflichtet, beide zwar erfahren, aber noch nicht etabliert. Genau das möchte der Regisseur.

Im Frühjahr 1964 schart Clouzot eine kleine Truppe von Mitarbeitern um sich, um mit ihnen im Filmstudio de Boulogne für die nächsten zweieinhalb Wochen intensiv die neuesten technischen Möglichkeiten visueller Effekte und moderner Filmästhetik zu studieren und auszuprobieren. Es geht um Verfremdung, Spiel mit Farbe und Schwarz-Weiß-Film, Doppelbelichtung, Schatten. Und Clouzot hat einen großzügigen Finanzgeber, nämlich Columbia Pictures. Es ist eher unüblich, dass Studios aus den USA europäische Produktionen, einmal abgesehen von britischen Projekten, finanziell unterstützen. Als einige Gesandte Ende des Frühjahrs vorbeikommen, um sich die Vorarbeiten anzusehen, sind sie beeindruckt. Die Produktionsfirma gewährt Clouzot vollkommen freie Hand, was das Budget und die Leitung bei diesem Projekt anbelangt. Die Wahnvorstellungen, die Marcel plagen, will er in schrillen psychedelischen Farben darstellen. Der überwiegende Teil des Films soll jedoch in Schwarzweiß gehalten sein. Der Kameramann Claude Renoir (1913–1993), Enkel des berühmten Malers Pierre-Auguste Renoir und Neffe des Filmemachers Jean Renoir, meinte später über Henri-Georges Clouzot, dass dieser »mit Hilfe von völlig neu zusammengesetzten, neu erschaffenen Farben, ohne Bezug zur Alltagsrealität« Menschen und Dinge auf die Leinwand bringen wollte.

Die Vorplanung ist dermaßen intensiv, dass die Mitarbeiter schon vor Drehbeginn auf dem Zahnfleisch gehen. Clouzot hat jede einzelne Szene vorbereitet, dabei immer notiert, welche Linse und welche Tiefenschärfe zu verwenden sind. Nichts will er dem Zufall überlassen. Am 6. Juni 1964 beginnen die Aufnahmen. Der Zeitplan ist straff. Drehort ist nämlich ein Hotel in Südfrankreich, unweit des Garabit-Viadukts und in der Nähe eines von den Filmleuten künstlich angelegten Sees gelegen. Zwanzig Tage hat die Crew, dann wird der künstliche See wieder ausgepumpt werden müssen. Der See spielt eine zentrale Rolle im Film, es muss also schnell alles im Kasten sein.

Nach den Außenaufnahmen soll es im Studio weitergehen. Vier Monate Innenaufnahmen sind geplant. Der Zeitplan erlaubt keinen Nachdreh, dennoch wird bald klar, dass man in Verzug ist. Um noch effizienter arbeiten zu können und so wenig Pausen wie möglich zu machen, gibt es nun drei Kameraleute: den erwähnten Claude Renoir, daneben Armand Thirad (1899–1973) und Andréas Winding (1928–1977). Und weil eben so viel Budget da ist, bekommt jeder der drei ein gesamtes Assistenzteam zur Verfügung gestellt. Clouzot plant, dass die eine Gruppe eine Serie an Szenen schießt, während die nächste parallel die kommenden Szenen vorplant. Auf diese Weise könnte man jeden Tag etliche Meter Film machen und sogar noch schneller als geplant zu einem Ende kommen. Aber sehr bald schon wird klar: Der Plan wird nicht aufgehen. Henri-Georges Clouzot kommt aus seiner Haut des unerbittlichen Perfektionisten nicht heraus. Jeden Tag ist er bei nur einer der Crews und verlangt praktisch von jeder Szene neue Aufnahmen, am liebsten aus allen erdenklichen Perspektiven. Das Team arbeitet manchmal sechzehn bis achtzehn Stunden, aber Clouzot will mehr. Er hält, schon mit dem Rücken zur Wand, am ursprünglichen Plan fest. Warum hat das Filmteam am Sonntag eigentlich frei, fragt er sich und möchte kurzerhand auch an diesem Tag drehen. Claude Renoir klettert sogar aus einem Toilettenfenster hinaus, als ihm Clouzot in der Hotellobby auflauert, um einen Extradrehtag anzukündigen. Alle sind entnervt. Der Regisseur »genießt« schon lange den Ruf eines Tyrannen, nun aber nimmt Clouzots Manie neue Dimensionen an. Er weckt Schauspielende und Filmteam bereits kurz nach fünf Uhr früh, um die nächsten Szenen zu besprechen, und er bricht laute Streits mit seinen Hauptdarstellern vom Zaun, um ihre Darstellung der inneren Aufwühlung noch authentischer zu gestalten. Während Romy Schneider jedes Schreiduell annimmt und Paroli bietet, zieht sich der introvertierte Serge Reggiani immer weiter zurück. So, wie er die Rolle des Marcel anlegen möchte, passt es dem Regisseur jedoch nicht. Keine guten Voraussetzungen. Das wissen alle – jedenfalls alle außer Clouzot. Und er verprasst das Filmbudget, wahrlich, wie der Kaiser in Frankreich. So möchte er für eine klitzekleine Szene, in der es einen Blick aus einem Passagierflugzeug gibt, eine echte Maschine haben. Gesagt, getan. Die Air France stellt ein großes Flugzeug zu Verfügung.

Die meisten Szenen, die nun im Kasten sind, sind mit Farbumkehr gedreht. Romy Schneider auf Wasserskiern. Sie ganz in Blau, das Wasser blutrot. Schon in der Vorproduktionsphase hat Clouzot hunderte Bilder von Romy Schneider in diversen Farbkompositionen und in unterschiedlichen, teils sehr lasziven Posen gemacht. Einige dieser Aufnahmen lassen durchaus vermuten, dass der Regisseur größeres Gefallen an seiner Hauptdarstellerin hat. Das Verhältnis zu Serge Reggiani ist hingegen, wie bereits erwähnt, ein mehr als angespanntes. Als eine Schlüsselszene gedreht wird, in der Reggiani den See entlanglaufen soll, will Clouzot ihn über mehrere Tage filmen und die Aufnahmen zu einer vollkommen surrealen Szene zusammenschneiden. Also muss Reggiani tagelang jeweils einige Stunden laufen, oft so lange, bis er körperlich zusammenbricht. Natürlich darf er nur so wenig wie möglich trinken, um auch wirklich malträtiert genug zu wirken, und das bei einem Sommerdreh. Der Regisseur möchte den Verfall seines Hauptcharakters filmisch festhalten. Er geht vor wie ein Voyeur. Aber er hat die Rechnung nicht mit dem eigenen Willen der Darsteller gemacht.

Als die Crew am 20. Juni zum Drehort kommt, sind alle da, nur einer fehlt: Serge Reggiani kommt auch am nächsten und am übernächsten Tag nicht. Er lässt Clouzot ausrichten, dass er krank sei. In den nächsten Tagen machen es ihm einige Mitglieder des Filmteams nach – sie werden krank oder verlassen wortlos das Set.

Henri-Georges Clouzot bleibt nur noch eine Woche, um den Dreh durchzupeitschen. Und er glaubt noch immer daran, es schaffen zu können. Als Ersatz für Reggiani wird kurzerhand Jean-Louis Trintignant verpflichtet. Der erscheint tags darauf, lässt die chaotischen Dreharbeiten auf sich wirken und reist schon am nächsten Tag wieder ab, ohne überhaupt eine einzige Szene gedreht zu haben.

Clouzot selbst ist wie ein Kapitän auf einem Schiff, das nur noch zu einem Viertel aus dem Wasser lugt. Er hält die

Dreharbeiten weiterhin am Laufen und schreibt in der Nacht das Drehbuch um, damit er Szenen mit den noch verbliebenen Darstellern drehen kann. Er schläft kaum, trinkt übermäßig viel Kaffee, um sein Pensum zu erfüllen, und verordnet weiterhin, auch sonntags zu arbeiten.

Am Ende ist er es aber selbst, der die Dreharbeiten, wenn auch unfreiwillig, beendet. Während einer Szene, in der sich Odette und Marylou auf einem Boot näherkommen, durchfährt Clouzot ein Schmerz. Er wird bleich, sein Arm krampft, er greift sich an die Brust. Schließlich bricht er zusammen. Sofort wird die Rettung verständigt und ein Krankenwagen, der das Boot am Festland bereits empfängt, bringt den Regisseur nach Saint-Flour ins Spital, wo man ihm mitteilt, dass er einen mittelschweren Herzinfarkt hatte. Es bestehe zwar keine akute Lebensgefahr, aber man müsse ihn doch einige Zeit zur Kontrolle dabehalten und er müsse unbedingt und auf jeden Fall jede Art von Stress und Anstrengung vermeiden.

Columbia bricht damit die Dreharbeiten offiziell ab. Henri-Georges Clouzot dreht danach nur noch zwei Filme, eine Dokumentation über Herbert von Karajan (*Die Kunst des Dirigierens*, 1965) und seinen letzten Spielfilm *Seine Gefangene* (OT: *La Prisonnière*, 1968). Danach zieht er sich vollkommen zurück, auch, weil sein psychischer wie physischer Gesundheitszustand kein Arbeiten mehr zulässt. Er stirbt im Januar 1977 mit 69 Jahren in Paris.

Er hinterließ der Nachwelt über fünfzehn Stunden Material von *Die Hölle*. 2009 drehen die beiden Filmemacher Serge Bromberg (*1961) und Ruxandra Medrea (*1965) den Dokumentarfilm *Die Hölle von Henri-Georges Clouzot* (OT: *L'enfer de Henri-Georges Clouzot*), der die Geschichte und das schlussendliche Scheitern des Projektes behandelt. Bromberg kommt die Idee für diese Dokumentation, als er zufällig mit Clouzots zweiter Ehefrau und Witwe, Inès de Gonzalez (1925–2011), im Fahrstuhl stecken bleibt. Man kommt ins Gespräch, in dessen Verlauf sie erwähnt, dass ihr Mann sich selbst eines immer wieder vorgeworfen habe, nämlich *Die Hölle* nicht beendet zu haben, da er diesen Film für seinen besten gehalten habe.

Übrigens verfilmte Claude Chabrol (1930–2010) 1994 *Die Hölle* neu, was bis heute einzigartig ist – eine Neuverfilmung eines nie veröffentlichten Films. Chabrol setzte weniger auf eine Nachahmung von Clouzots Bildästhetik und versuchte sich stattdessen an einer detailgetreuen Wiedergabe der Drehbuchvorlage. Der Film wurde von den Kritikern recht positiv angenommen.

19

Orson Welles verliert sich in *Der Tiefe*

Steckbrief

Werk: Die Tiefe (OT: The Deep)
Jahr der Unvollendung: 1969
Urheber: Orson Welles (Regie und Produzent)

Orson Welles (1915–1985) ist unbestritten einer der ganz Großen der Filmgeschichte, aber es gibt wohl nur ganz wenige andere, die so viele Filmprojekte niemals realisierten oder abschlossen, wie er. Ein wahres Enfant terrible.

Welles ist ein unruhiger Geist. Er möchte große Projekte realisieren, scheitert aber an den unterschiedlichsten Hürden: Einmal ist das Budget zu knapp, ein anderes Mal übernimmt er sich, was die Vorplanung und auch, was seine eigenen Erwartungen an das Projekt betrifft. Etliche Jahre lang versucht er etwa, den Roman *Don Quixote* zu verfilmen, wird dabei finanziell von seinem guten Freund Frank Sinatra unterstützt und arbeitet bis zu seinem Tod an dem Projekt, ohne es zu beenden. 1992 kommt eine vom spanischen Regisseur Jess Franco (1930–2013) mit viel Archivmaterial angereicherte »fertiggestellte« Fassung von *Don Quixote* heraus, die aber vor allem eines ist, nämlich eine Hommage an Welles selbst.

Welles hat eine Angewohnheit: Wenn er einmal zufällig nicht knapp bei Kasse ist und einen Film drehen möchte, aber keine passende Idee hat, dann kauft er gerne im nächsten Bahnhof einen *Hardboiled*-Kriminalroman für wenig Geld, liest ihn in einem Zug, meistens sogar in einer Nacht durch und holt sich dort zündende Einfälle. Und genau auf diese Art und Weise fällt ihm an einem verregneten Herbsttag im Jahre 1968 der Roman *Tödliche Flaute* (OT: *Dead Calm*, 1963) von Charles Williams (1909–1975) in die Hände. Williams ist kein Unbekannter. Seine

Kriminalromane zählen in den 1950ern und 1960ern zu den ganz erfolgreichen. Zumeist ist die Story einfach: Ein Mann erliegt den sexuellen Reizen einer Frau und löst damit eine Kette von allerlei unvorhersehbaren katastrophalen und spannenden Ereignissen aus. Ein Muster, das dem üblichen Welles-Film nicht entspricht, und dennoch ist der Regisseur angefixt.

Orson Welles wird von den Kritikern immer wieder gelobt und gilt als innovativer Filmemacher, aber, und das schmerzt ihn, das Publikum meidet seine Filme wie der Teufel das Weihwasser. Er möchte auch einmal einen richtigen Kassenschlager drehen. Mit Williams' Roman hat er nun genau die richtige Vorlage gefunden, denn der Stoff ist simpel und simpel ist gut für einen Kinoerfolg. Er sagt: »Ich will keinen Art-House-Film drehen. Ich hoffe, es wird ein Film, den ich mir auch anschauen würde. Ich denke, es ist an der Zeit, dass ich zeige, dass ich Geld machen kann!«

Welles hat den Cast schon früh im Kopf – er möchte Jeanne Moreau (1928–2017), die sofort zusagt und er möchte auch Peter O'Toole (1932–2013), der aber winkt ab, da er sich vor Hollywood-Angeboten kaum erwehren kann und so wird Laurence Harvey (1928–1973) gefragt, der vom Typ her O'Toole ähnlich ist, und der sagt ohne groß zu überlegen zu.

Im Zentrum des Geschehens steht ein junges Paar, in Welles' Produktion dargestellt von Michael Bryant (1928–2002) und Oja Kodar (*1941), einer jungen kroatischen Schauspielerin und seit 1961 Geliebte von Welles. Die beiden sind auf Flitterwochen. Ihre kleine Yacht, die *Saracen*, schippert ruhig im Adriatischen Meer entlang der Küste Dalmatiens. Es herrscht eine gewisse monotone Langeweile, ringsum nur azurblaues Meer, Hitze, Sonnenbäder, Windstille. Um Benzin zu sparen, haben sie den Motor abgedreht und lassen sich treiben. Da erspäht das Paar plötzlich ein kleines Boot. An Bord, halbtot, ein Mann, großartig verkörpert von Laurence Harvey. Sie holen ihn zu sich, geben ihm zu essen und zu trinken. Der entkräftete Mann meint, dass auf seinem Schiff alle tot seien. Das Paar ist schockiert, aber so ganz möchte der junge Ehemann die Story nicht glauben, denn der Mann mit dem stechenden Blick kommt ihm nicht sehr seriös vor. Die junge Frau hingegen fühlt sich seltsam angezogen vom mysteriösen Fremden. Das bemerkt der Frischvermählte und rudert schließlich eines Abends unbemerkt zum Schiff des Fremden, wo er, Überraschung, ein anderes Paar trifft, gespielt von Jeanne Moreau und Orson Welles selbst. Zu spät bemerkt er aber, dass sich der Fremde in der Zwischenzeit, als hätte er nur darauf gewartet, mit der jungen Braut als Geisel auf und davon gemacht hat. Der Thriller nimmt nun erst Fahrt auf.

Abb. 45: Orson Welles, mit Kapitänsmütze und seiner Caméflex, gemeinsam mit der Schauspielerin Jeanne Moreau, in einem Bötchen, auf hoher See.

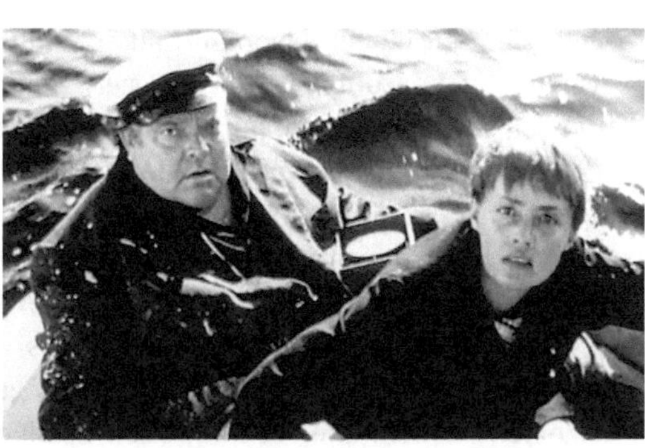

Welles ist fasziniert von dem Kontrast: ein Kammerspiel in engen Räumen und die Weitläufigkeit von Himmel und Meer. Die Dreharbeiten finden deshalb, am Hochsommer 1966, unter der sengenden Hitze der kroatischen Sonne statt. Das Meer ist ruhig. Manchmal hört man auf den Originalaufnahmen das Surren der Kamera oder das Räuspern des Regisseurs. Welles lässt seinem Kameramann Willy Kurant ganz freie Hand. Der soll ausprobieren, was immer er will, und er selbst filmt, mit seiner Caméflex bewaffnet, einer für damalige Verhältnisse leichten tragbaren Kleinkamera, in den engen Innenräumen. Es entsteht eine seltsame Mixtur aus amateurhaften und professionellen Aufnahmen.

Der Film ist fast komplett im Kasten, als Welles die Dreharbeiten stoppt. Die finale Explosion eines der beiden Schiffe steht noch aus, doch so eine Explosion kostet Geld und davon ist nicht mehr allzu viel da. Welles selbst synchronisiert die Teile des Films, in denen die Männer miteinander sprechen, nach, und macht auch sonst die überwiegende Arbeit der Postproduktion, um einerseits Geld zu sparen und andererseits, weil sowieso niemand außer ihm den Film finalisieren kann – so will es das Ego vom großen Orson.

Er fertigt einige Trailer an, die er überwiegend selbst einspricht; für einen möchte er aber die Stimme von Charlton Heston (1923–2008). Er schreibt diesen an, erklärt ihm knapp die Handlung und schließt mit: »Der junge Ehemann, gefangen auf einem Schiff, das ein Leck hat, und seine junge Frau, gefangen auf einem davonfahrenden Schiff, wo sie von einem Verrückten bedroht wird. Was passiert wohl als Nächstes? Nun, um das herauszufinden, muss man sich ein Kinoticket kaufen!« Heston scheint diese Werbung überzeigt zu haben, denn er willigt ein, allerdings kommt es niemals zur Synchronisation.

Während der gesamten Dreharbeiten, die sich endlos in die Länge ziehen und den Schauspielerinnen und Schauspielern alles abverlangen, zweifelt Orson Welles an seinem Projekt. Wird das Publikum dafür wirklich ins Kino gehen? Natürlich hat er einen Namen, aber seine großen Erfolge wie *Citizen Kane* (1941) oder *Der Dritte Mann* (OT: *The Third Man,* 1949) liegen Jahrzehnte zurück und seither hat er vornehmlich Avantgardestreifen gedreht, die zwar von den Kritikern geliebt werden, aber die Publikumsmassen nicht erreichen. Die große Angst ist, dass die Leute »An Orson Welles Movie« lesen, abgeschreckt sind und den Film meiden. Zweieinhalb Jahre arbeitet er mit Unterbrechungen an *The Deep*. Kurz vor dem geplanten Ende der Dreharbeiten beschließt er, diese abzubrechen. Zu diesem Zeitpunkt, man schreibt das Jahr 1969, sind drei Jahre, nach der ersten Klappe, vergangen. Niemand am Set versteht seine Entscheidung und lange hoffen alle, dass es irgendwann doch weitergehen kann mit der Finalisierung des Streifens. Als Laurence Harvey, gerade mal 45 Jahre alt, 1973 stirbt, ist *The Deep* tatsächlich endgültig gescheitert, ohne Wenn und Aber. Irgendwann verschwindet der originale Negativfilm, einzig zwei Kopien gibt es noch. Jahre später wird Mauro Bonnani, der Cutter, behaupten, der Film wurde abgebrochen, nachdem Orson Welles erkannt hat, wie ungeeignet und hölzern Oja Kodar im

Film agierte. Welles konnte das aber weder bestätigen, noch bestreiten. Der war da nämlich schon tot.

In seinen letzten Jahren, Anfang der 1980er, tritt der immer massiger werdende Welles in Dutzenden Werbespots auf, wo seine sonore Stimme Wirkung zeigt, und dreht eine Reihe billiger Trashfilme, alles, um Geld für seine eigenen Projekte zu verdienen. Er moderiert auch eine kurzlebige Talkshow. Natürlich ist Welles zeit seines Lebens eine lebende Legende, aber er ist das vor allem aufgrund seiner großen Filme, die er in den 1940ern drehte.

Im Jahr 2000 kommt die 72-jährige Jeanne Moreau (1928–2017) nach Berlin, wo sie mit dem Goldenen Bären für ihr Lebenswerk ausgezeichnet wird. Sie erinnert sich dabei auch an die Freundschaft mit Orson Welles und den Film, der niemals vollendet wurde: »Es war eine tolle Erfahrung, mit Orson Welles zu arbeiten. Meine Beziehung zu ihm war großartig, das einzig Schlechte war, dass unser Film irgendwann einfach verschwand«, so Moreau.

Welles soll die Angewohnheit gehabt haben, scheinbar grundlos abzutauchen und tagelang unauffindbar zu sein, wenn er bei Filmprojekten auf Probleme stieß. Die konnten finanzieller Natur, also profane Geldsorgen, aber auch künstlerischer Art sein. »Er war sehr sensibel und konnte richtig selbstzerstörerisch sein«, so Moreau. Und ihr fällt sogar eine Begebenheit, die sich während der Dreharbeiten zu *The Deep* ereignete, ein: »Einmal erschien Orson nicht am Set und niemand wusste, wo er war, also blieb ich in meinem Hotelzimmer im fünften Stock. Orson hatte das Zimmer direkt über mir. Als ich gerade auf der Terrasse saß, fielen plötzlich Unmengen an Zigarrenasche von oben herunter, da wusste ich, dass er oben saß. Er kam tagelang nicht aus dem Zimmer und rauchte fortwährend.«

1989 wird der Roman von Williams übrigens erneut unter dem Titel *Todesstille* (OT: *Dead Calm*) verfilmt; unter der Regie des Australiers Philip Noyce spielen Nicole Kidman und Sam Neill als Ehepaar und Billy Zane als Bösewicht die Hauptrollen.

1985 stirbt Welles an Herzversagen. Seinen filmischen Nachlass vermacht er Oja Kodar, die diesen zehn Jahre später an

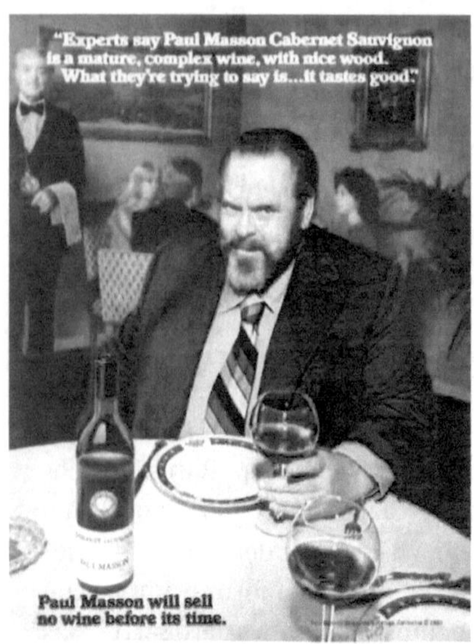

Abb. 46: Ende der 1970er, Anfang der 1980er Jahre legte Welles ordentlich an Körperumfang zu und drehte Werbung für amerikanischen Wein.

das Münchner Filmmuseum weitergibt. Stefan Drößler, Leiter des Museums und großer Orson-Welles-Fan, hat alles, was der Filmemacher hinterlassen hat, gesichtet und bearbeitet. So ist auch in mühevoller und akribischer Detailarbeit eine Version von *The Deep* entstanden. Aber Drößler sagt auch: »Man kann einen Orson-Welles-Film nicht fertigstellen, man kann nur eine Interpretation hinkriegen, die so treu wie möglich Welles' Originalversion ist.«

Übrigens lag ein weiterer, ebenfalls unvollendeter Film von Orson Welles jahrzehntelang bei Oja Kodar zu Hause. An *The Other Side of The Wind* hatte Welles zwischen 1971 und 1973 gedreht, musste die Produktion jedoch aufgrund von finanziellen Problemen, in die seine Produktionsfirma geraten war, stoppen. Schließlich, finanzkräftigen Streamingdiensten sei Dank, verkauft Kodar die Rechte an dem abgedrehten, aber ungeschnittenen Film an Netflix. Und der Streamingriese macht sich daran, den unvollendeten Film zu finalisieren. Die Regisseure Frank Marshall und Peter Bogdanovich, die Welles sehr gut kannten, überwachen die Nachproduktion und so feiert der Film, nun vollendet, am 31. August 2018 bei den Filmfestspielen in Venedig Premiere. Tja, hätte es Netflix nur schon zu Lebzeiten Orson Welles' gegeben. Ob es dem Ego von Welles allerdings gefallen hätte, dass andere ihm die Arbeit abnehmen, sei einmal dahingestellt.

20

Don Camillos letzter Weg

Steckbrief

Werk: Don Camillo und die Jugend von heute (alternativ: Don Camillo und das rothaarige Mädchen)

Jahr der Unvollendung: 1971

Urheber: Christian-Jaque (Regie), Angelo Rizzoli (Produzent)

Die Don-Camillo-und-Peppone-Buchreihe von Giovannino Guareschi (1908–1968) wird 1952 zum ersten Mal verfilmt. In die Rolle des Priesters Don Camillo schlüpft der französische Komiker Fernandel (1903–1971), als kommunistischer Bürgermeister Peppone brilliert der Italiener Gino Cervi (1901–1974). Regisseur Julien Duvivier (1896–1967) schreibt gemeinsam mit dem Journalisten René Berjavel (1911–1985) auch das Drehbuch. Der Film wird zum Riesenerfolg und die beiden Hauptdarsteller werden über die Grenzen Frankreichs und Italiens bekannt. Für beide werden Don Camillo bzw. Peppone zu den Rollen ihres Lebens.

Und schon dringen die Produktionsstudios auf eine Fortsetzung, die keine neun Monate später mit demselben Team aus Franzosen und Italienern, wie es sich für eine Co-Produktion gehört, gedreht wird. *Le Retour de Don Camillo* wird rasch für den englisch- und für den deutschsprachigen Markt synchronisiert. In Frankreich wird der Streifen zum zweiterfolgreichsten Film des Jahres, sodass zahlreiche Fortsetzungen angeregt werden. Die Filmreihe ist auch deshalb so erfolgreich, weil Fernandel und Cervi einfach brillant miteinander harmonieren. Die beiden Männer verbindet mittlerweile auch eine gute Freundschaft.

Die Dreharbeiten für den sechsten Teil unter der Regie von Christian-Jaque (1904-1994) beginnen am 13. Juli 1970 im

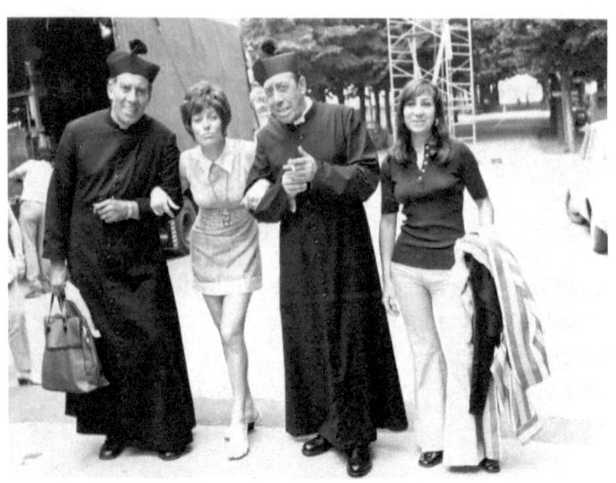

Abb. 47: In einer Drehpause posiert Fernandel (Dritter von links) mit seinen Co-Stars für die Kameras. Links neben ihm die Hauptdarstellerin des Films, Graziella Granata (1941).

italienischen Brescello. Der Titel des Streifens wird *Don Camillo e i giovani d'oggi*, wörtlich übersetzt: *Don Camillo und die Jugend von heute* sein. Als Vorlage dient der Giovanni-Guareschi-Roman: *Don Camillo und die Rothaarige.* Im deutschsprachigen Raum kündigt man den Film deshalb alternativ auch unter dem Titel *Don Camillo und das rothaarige Mädchen* an.

Der 13. Juli 1970 ist ein heißer Sommertag. Das gesamte Filmteam ist schon da. Die Kulissen stehen. Hauptdarsteller Fernandel trifft am 20. Juli ein und wirkt etwas angeschlagen, möchte aber rasch mit dem Dreh beginnen. Man arbeitet also unter sengender Hitze. Die Mücken schwirren umher und machen dem Regisseur, den Kameraleuten, den Tontechnikern, den Beleuchtern und den Schauspielenden das Leben schwer. Und plötzlich, man ist gerade beim Außendreh, fällt Fernandel in Ohnmacht. Die Hitze und der lange Drehtag haben ihre Spuren hinterlassen. Er wird in seine Kabine gebracht. Das Atmen tue ihm weh, sagt er dem Regisseur, als der nach seinem Befinden fragt. Co-Star Gino Cervi macht sich auch Sorgen. Christian-Jaque befürchtet schon, dass Fernandel einen leichten Herzinfarkt erlitten haben könnte, und holt einen Arzt, der den Schauspieler untersucht und Entwarnung gibt. Das Herz ist in Ordnung. Man hat zwar einen recht straffen Drehplan, zieht aber drei Tage lang andere Szenen vor, um Fernandel Zeit zur Erholung zu geben.

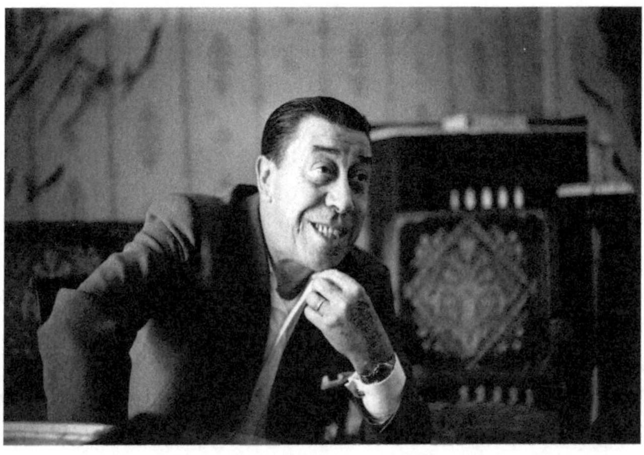

Abb. 48: Dieses Portrait zeigt den Schauspieler rund ein Jahr vor seinem Tod. Nichts deutet darauf hin, dass Fernandel zu diesem Zeitpunkt schon todkrank ist.

Am 5. August soll eine Szene gedreht werden, in der Fernandel die junge Graziella Granata, die vielleicht 50 Kilogramm wiegen mag, über den Kirchhof tragen muss. Der 66-jährige Fernandel kann sie nach drei gescheiterten Versuchen schließlich hochheben, kommt dann aber keinen Meter weit, sondern fällt fast kopfüber. Er sagt, dass ihm Granata zu schwer sei. Er fühle keine Kraft mehr. Erneut muss der Dreh unterbrochen werden und ein Stuhl wird für den Schauspieler geholt, auf den er sich ermattet fallen lässt. Nun lässt Christian-Jaque seinen Hauptdarsteller doch in ein Spital bringen, wo man ihn genauer untersuchen soll, und tatsächlich findet man etwas. Fernandel, der Komiker mit dem breiten Lachen, dem Pferdelächeln, wie es manche ausdrückten, ist an Lungenkrebs erkrankt. Er raucht gerne und er raucht viel, und trotzdem hat damit niemand gerechnet.

Fernandel entscheidet sich, zurück nach Marseille zu fliegen, wo ihn ein Spezialist ansehen und die Therapie rasch beginnen soll. Der Arzt empfiehlt eine Operation und der Schauspieler willigt ein. Im Zuge der OP entdeckt das Ärzteteam allerdings, dass Lunge, Leber, Magen und Darm von Metastasen übersät sind. Die Familie wird vom Ernst der Lage informiert, aber dem Filmteam wird nichts gesagt, so will es der Schauspieler. Fernandel lässt dem Regisseur ausrichten, dass er, sobald er sich wieder besser fühle, selbstverständlich weiterdrehen möchte.

Am 12. August 1970 werden die Dreharbeiten vorerst abgebrochen. Die Produktionsfirma stellt eine Idee vor, die weder dem Regisseur noch dem Peppone-Schauspieler Gino Cervi gefallen, nämlich, dass ein Fernandel-Double einspringt, damit der Film im Kasten ist, denn die Verzögerung gefällt den Produktionsbossen so gar nicht. Nachdem sich aber das ganze Filmteam weigert, mit einem Double weiterzudrehen, muss man sich in der Chefetage in Geduld üben. Fünf Monate vergehen, da meldet sich Fernandel bei Regisseur Christian-Jaque. Er meint, es gehe ihm bestens, und zwei Tage später werden die Dreharbeiten fortgesetzt. Der Schauspieler hat sichtlich an Gewicht verloren, aber niemand ahnt etwas Böses.

Eines Tages bittet Fernandel den Regisseur, den kompletten Film nachsynchronisieren zu dürfen, selbst die Teile, die noch gar nicht gedreht sind. Christian-Jaque hinterfragt diese Bitte nicht und willigt ein. Es sind noch gut 40 Minuten des Films zu drehen, da bricht Fernandel abermals zusammen. Die übrigen Schauspielkollegen sind besorgt, aber Fernandel beruhigt und meint, alles sei halb so wild. Er reist am 21. Februar 1971 zurück nach Paris, nachdem es ihm etwas besser geht. Er meldet, dass er guten Mutes ist, bald wieder in alter Stärke zurück zu sein. Fünf Tage später ist er tot.

Gino Cervi stellt zwei Tage später in einem Zeitungsinterview klar, dass er den Film ohne Fernandel niemals weiterdrehen werde, und er sagt: »Wir haben 1200 Meter Farbfilm gedreht [...]. Er machte etwas sehr Seltsames: Er synchronisierte den ganzen Film, fast so, als würde er wollen, dass wir den Film zu Ende bringen, auch, wenn er nicht mehr kann. Selbst mit einem Double hätte das Publikum auf diese Weise wenigstens seine Stimme gehört und erkannt.«

Nicht so entspannt sind die Produzenten. Die wollen ihren Film, und nachdem niemand aus der originalen Filmcrew ohne Fernandel weiterdrehen möchte, rekrutieren sie in Windeseile ein komplett neues Filmteam. Der italienische Regisseur Mario Camerini bekommt 30 Tage Zeit, um den Film zu Ende zu drehen. Der noch unbekannte Gastone Moschin spielt Don Camillo, der Amerikaner Lionel Stander übernimmt die Rolle des Peppone. *Don Camillo und das rothaarige Mädchen* erscheint im darauffolgenden Jahr, 1972, wird ein Kinoflopp ersten Ranges und verschwindet nur wenige Wochen später wieder komplett von der Bildfläche. Er wird erst 2005 erstmals in Deutschland, im Freilichttheater der Waldbühne Kloster Oesede, gezeigt. Der originale Streifen mit Fernandel in der Rolle seines Lebens bleibt unvollendet und wird auch nachträglich nicht mehr angefasst.

Literaturverzeichnis

Baedeker Reiseführer: Großbritannien und Nordirland, Ostfildern 2006

Banner, Lois: Marilyn: The Passion and the Paradox, London 2012

Baruch, Gertrud (Hg.): Hauptwerke der amerikanischen Literatur, München 1975

Bock, Hans-Michael (Hg.): Lexikon Regisseure und Kameraleute, Reinbek bei Hamburg 1999

Bordwell, David/Thompson, Kristin: Film History. An Introduction, New York 2010

Braund, Simon (Hg.): Die besten Filme, die Sie nie sehen werden, Zürich 2014

Chiari, Bernhard/Keßelring, Agilolf (Hg.): Wegweiser zur Geschichte Kosovo (3. ergänzte Auflage), Paderborn 2008

Dedner, Burghard: Georg Büchner Woyzeck. Erläuterungen und Dokumente, Stuttgart 2000

Faulstich, Werner: Filmgeschichte, Paderborn 2005

Fischer, Ernst (Hg.): Hauptwerke der österreichischen Literatur, München 1997

Frank, Rüdiger: Unterwegs in Nordkorea, München 2018

Gruber, Gernot: Schubert. Schubert? Leben und Musik, Kassel 2012

Hayward, Susan: French National Cinema (2. Auflage), London 2005

Hinrichsen, Hans-Joachim: Franz Schubert, München 2011

Hoffmann, E. T. A.: Lebens-Ansichten des Katers Murr (Band 3, gesammelte Werke), Frankfurt am Main 1967

Jelot-Blanc, Jean-Jacques: Les Plus Belles Répliques de Fernandel, Paris 2005

Kafka, Franz: Tagebücher 1910–1923, Norderstedt 2016

Kennedy, Michael/Bourne, Joyce (Hg.): The Concise Oxford Dictionary of Music, Oxford/New York 1996
Kilcher, Andreas B.: Franz Kafka, Frankfurt am Main 2008
Kobald, Karl: Franz Schubert, Wien 1963
Kraft, Herbert: Musil, Wien 2003
Kurzke, Hermann: Georg Büchner. Geschichte eines Genies, München 2013
Leaming, Barbara: Orson Welles. A Biography, New York 2004
Levin, Julius: Johann Sebastian Bach, Hamburg 2014
Lloyd, Christopher: Henri-Georges Clouzot, Manchester 2016
Loerke, Oskar: Anton Bruckner. Ein Charakterbild, Berlin 2018
MacLean, Fitzroy: Scotland. A Concise History, London 2019
Manojlovic, Katharina/Putz, Kerstin (Hg.): Im Rausch des Schreibens. Von Musil bis Bachmann, Wien 2017
Mehling, Franz N. (Hg.): Knaurs Kulturführer in Farbe. Großbritannien und Irland, Augsburg 1998
Meißner, Thomas: Der prominente Patient. Krankheiten berühmter Persönlichkeiten, Berlin 2019
Michel, Karl Markus (Hg.): Robert Musil. Aus den Tagebüchern, Hamburg 1965
Müller, Martin: Edinburgh (4. ergänzte Auflage), Ostfildern 2016
Neumann, Werner: Das kleine Bach-Buch, Reinbek bei Hamburg 1978
Neumayr, Anton: Musik und Medizin. Am Beispiel der Wiener Klassik, Wien 1989
Oliver, Neil: A History of Scotland, London 2010
Otto, Andreas/Wink, Konrad: Kerners Krankheiten großer Musiker. Die Neubearbeitung, Stuttgart 2008
Pablé, Elisabeth: Das kleine Schubert-Buch, Hamburg 1980
Petzel, Jörg/Hesse, Bernd: E.T.A. Hoffmann. Mit dem Kopf im Himmel und den Füßen auf dem Boden – Texte eines Universalkünstlers, Wiesbaden 2021
Pfohlmann, Oliver: Robert Musil, Reinbeck bei Hamburg 2012
Revers, Peter: Mahlers Sinfonien. Ein musikalischer Werkführer, München 2020
Rothkamm, Jörg: Gustav Mahlers zehnte Symphonie. Entstehung, Analyse, Rezeption, Frankfurt am Main 2003

Safranski, Rüdiger: E. T. A. Hoffmann. Das Leben eines skeptischen Phantasten, Frankfurt am Main 2000
Schmitz, Rainer/Ure, Benno: Wie Mozart in die Kugel kam. Kurioses und Überraschendes aus der Welt der klassischen Musik, München 2016
Schneider, Steven Jay (Hg.): 501 Movie Directors, London 2007
Schreiber, Wolfgang: Gustav Mahler, Hamburg 1971
Shoumatoff, Elizabeth: FDR's Unfinished Portrait, Pittsburg 1990
Stach, Reiner: Kafka. Die Jahre der Erkenntnis, Frankfurt am Main 2011
Thomas, Karin: DuMonts Kunstlexikon des 20. Jahrhunderts – Künstler, Stile und Begriffe, Köln 2000
Ulm, Renate: Die Symphonien Bruckners. Entstehung, Deutung, Wirkung, Kassel 2002
Valentin, Erich (Hg.): Franz Schubert. Briefe, Tagebuchnotizen, Gedichte, Zürich 1997
Van Hensbergen, Gijs: The Sagrada Família. Gaudí's Heaven on Earth, London 2017
Von Erffa, Helmut/Staley, Allen: The Paintings of Benjamin West, New Haven 1986
Walisiewicz, Marek/Loxley, Diana/Murray, Johnny/Seymour-Ure, Kirsty: Composers. Their Lives and Works, London 2020
Wehle, Peter: Gustav Mahler. Langsam, schleppend, stürmisch, bewegt. Ein Lesebuch zum Nachschlagen, Wien 2010
Weise, Eckhard: Orson Welles, Hamburg 1999
Willnauer, Franz (Hg.): Gustav Mahler. Verehrter Herr College. Briefe an Komponisten, Dirigenten, Intendanten, Wien 2010
Wittkop-Ménardeau, Gabrielle: E. T. A. Hoffmann, Reinbek bei Hamburg 1966
Zerbst, Rainer: Antoni Gaudí, Köln 1987

Abbildungsverzeichnis

Abb. 10: Gemälde *Vertrag von Paris*, Quelle: https://commons.wikimedia.org/wiki/File:Treaty_of_Paris_by_Benjamin_West_1783.jpg {{PD-US-expired}}

Elizabeth Shoumatoff malt den Präsidenten

Abb. 11: Roosevelt mit Familie, Foto, Quelle: https://commons.wikimedia.org/wiki/File:Franklin_D._Roosevelt,_Eleanor_Roosevelt,_and_John_R.in_Albany,_New_York_-_NARA_-_196847.jpg

Abb. 12: Porträt Roosevelt, Quelle: mit freundlicher Genehmigung https://porträtsocietyofatlanta.org/features-madame-elizabeth-shoumatoff-and-the-unfinished-porträt-of-fdr/

Abb. 13: Letztes Foto Roosevelts, Quelle: https://commons.wikimedia.org/wiki/File:FDR_last_photograph.jpg

Alice Neel und der Vietnamkrieg

Abb. 14: Gemälde *Black Draftee*. Leider ist es uns nicht möglich gewesen, das Bild abzudrucken. Es ist zum Beispiel hier zu sehen: http://bit.ly/44pchCq, zuletzt abgerufen am 29.8.2023.

Abb. 15: Alice Neel, sitzend, Atelier, Quelle: © Lynn Gilbert, https://commons.wikimedia.org/wiki/File:Alice_Neel_porträt_by_©Lynn_Gilbert_1976.jpg

Natalie Hollands *Blade Runner*

Abb. 16: Holland, Pistorius-Gemälde, Quelle: Mit freundlicher Genehmigung von Natalie Holland

Abb. 17: Pistorius, Fotografie, laufend, Quelle: © Jim Thurnston, https://www.flickr.com/photos/84128574@N00/7735026182

Schottland und die Sache mit dem National Monument

Abb. 18: Zeichnung, Plan, National Monument, Quelle: https://commons.wikimedia.org/wiki/File:Playfairnatmon2.jpg

Abb. 19: Das National Monument heute, Foto, Quelle: https://www.flickr.com/photos/150536094@N08/35357327585/

Abb. 20: Lord Elgin, Quelle: https://www.athensguide.com/elgin-marbles/lordelgin.html

Gaudís Sagrada Família

Abb. 21: Foto, Sagrada Família, Sonnenuntergang, Quelle: © Enfo https://commons.wikimedia.org/wiki/File:109_La_Sagrada_Fam%C3%ADlia_des_del_parc_del_Guinardó.JPG

Abb. 22: Foto, Porträt A. Gaudí, Quelle: © Pau Audouard Deglaire https://commons.wikimedia.org/wiki/File:Antoni_gaudi.jpg {{PD-US-expired}}

Die Christ-Erlöser-Kirche im Kosovo

Abb. 23: Foto, Kirche, Quelle: © Arild https://flickr.com/photos/62405357@N03/8502417471

Abb. 24: Foto, »God hates Serbs«, Quelle: Ian Bancroft (@bancroftian)/Twitter: https://twitter.com/bancroftian/status/1403081117385822214

Das Ryugyŏng-Hotel – Nordkoreas Waterloo

Abb. 25: Foto des Hotels, Quelle: © Hermann Mokisch

Abb. 26: Foto von der Brücke aus, Quelle: © Hermann Mokisch

Hoffmanns philosophierender Kater Murr

Abb. 27: Todesanzeige Kater Murr, Quelle: Staatsbibliothek Bamberg, Signatur. Foto: Gerald Raab, https://www.bayerische-staatszeitung.de/staatszeitung/kultur/detailansicht-kultur/artikel/csi-munich-ein-haariger-fall.html?tx_felogin_pi1%5bforgot%5d=1#topPosition, CC BY-SA 4.0

Abb. 28: Titelseite, Skizze, *Kater Murr*, Quelle: https://commons.wikimedia.org/wiki/File:Kater_Murr_(Freya_07-1867_S_165_Ferdinand_v_Portugal).jpg {{PD-US-expired}}

Abb. 29: Porträt E. T. A. Hoffmann, Quelle: https://commons.wikimedia.org/wiki/File:Ernst_Theodor_Amadeus_Hoffmann.jpg

Georg Büchners *Woyzeck*

Abb. 30: Porträt Büchner, Quelle: https://commons.wikimedia.org/wiki/File:Georg_Büchner_-_Franzos-Werkausgabe_!04.jpg

Das Schloss des Franz Kafka

Der Mann ohne Eigenschaften als unvollendetes Opus magnum

Marilyn Monroe und _Something's Got to Give_

Clouzots *Die Hölle*

Abb. 43: Ehepaar Clouzot, 1953, Quelle: © Duinen, [...] van / Anefo, https://www.nationaalarchief.nl/onderzoeken/foto-collectie/a917ab72-d0b4-102d-bcf8-003048976d84?searchKey=e8e717867b54e48c0c8760e665e7b392

Abb. 44: Romy Schneider, Filmszene, Quelle: https://www.virtual-history.com/movie/film/31844/lenfer-dhenri-georges-clouzot/photographs

Orson Welles verliert sich in *Der Tiefe*

Abb. 45: Filmszene, Quelle: © Filmmuseum München

Abb. 46: Orson-Welles-Porträt, Quelle: https://commons.wikimedia.org/wiki/File:Orson_Welles_Paul_Masson_cabernet_sauvignon.jpg

Don Camillos letzter Weg

Abb. 47: Bild, Gruppe, Quelle: http://bbcc.ibc.regione.emilia-romagna.it/pater/loadcard.do?id_card=141057

Abb. 48: Fernandel Porträt, 1970, Quelle: © André Cros https://commons.wikimedia.org/wiki/File:14.03.1970._Fernandel._(1970)_-_53Fi2541.jpg

Über den Autor

Clemens Ottawa, geboren 1981 in Wien, studierte Vergleichende Sprach- und Literaturwissenschaften, Germanistik und Geschichte in Wien und Manchester. Er schreibt Sachbücher, Dramen und Prosa (zuletzt: Der exzentrische Mann, 2019) und zeichnet Cartoons für zahlreiche Satireblätter (z. B. *Nebelspalter*, *Eulenspiegel*, *PLOP!*). Darüber hinaus arbeitet er als Kinderbuch-Illustrator und als Musiker in Wien. Bei zu Klampen veröffentlichte er *Skandal!* (2019) und *Wahnsinnig anders* (2021).

Clemens Ottawa bei 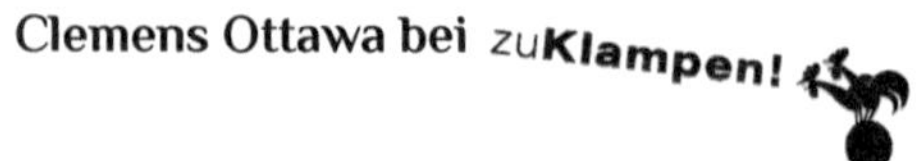

Skandal!

Die provokantesten Bücher der Literaturgeschichte

Zweite, korrigierte Auflage
Hardcover, 13 x 20,5 cm, 226 Seiten
ISBN 978-3-86674-597-1

Was haben *Die Leiden des jungen Werther*, *Ulysses*, *Madame Bovary*, *Die satanischen Verse* und *Fifty Shades of Grey* gemeinsam? Sie alle sorgten für Aufruhr in der Öffentlichkeit, weil sie an festgefügten Moralvorstellungen rüttelten. Die Autoren wurden diffamiert und zum Teil sogar handgreiflich attackiert, drohten sie doch, dem angeblichen Sittenverfall Vorschub zu leisten. Meist entpuppten sich die gegen sie gerichteten Vorwürfe jedoch als scheinheilig, finden doch gerade die Skandalbücher reißenden Absatz.

Vom Marquis de Sade über Vladimir Nabokov bis hin zu Charlotte Roche: Clemens Ottawa versammelt die skandalösesten literarischen Werke und erzählt von ihrer aufsehenerregenden Rezeption. Sie haben ihre Faszination bis heute nicht eingebüßt.

»Wenn man einmal angefangen hat zu lesen, kann man das Buch nicht mehr aus der Hand legen.« ***SRF Kultur***

Wahnsinnig anders

Außergewöhnliche Menschen
und ihr Kampf mit dem Verstand

Hardcover, 13 × 20,5 cm, 288 Seiten
ISBN 978-3-86674-806-4

»Der Schizophrene von Format prüft nach dem Schub das Resultat.« Lene Voigt

In früheren Jahrhunderten wurden Menschen schnell weggesperrt, wenn sie Anzeichen von Psychosen, Wahnvorstellungen oder bloß seltsamem Verhalten zeigten, und manchmal sogar nur, weil sie unangepasst waren. Man ging nicht zimperlich mit psychisch Kranken oder wunderlichen Menschen um, selbst wenn sie bekannt und beliebt oder gar Landesherren waren. Konnte sich ein Tyrann wie Nero noch lange Zeit seinem narzisstischen Größenwahn hingeben, bevor er zum Selbstmord gezwungen wurde, musste die manisch-depressive kastilische Thronerbin Johanna I. jahrelange Gefangenschaft erdulden.

Clemens Ottawa zeichnet Charakterbilder von Persönlichkeiten aus unterschiedlichen Jahrhunderten, aus Adel und Politik, Kunst, Literatur, Philosophie, Musik und Film. Er prüft die ihnen nachgesagten psychischen Störungen und Eigenheiten und zeichnet ihre Entwicklungen nach. Viele von ihnen – König George III. von England, Nietzsche, Van Gogh – sind heute noch berühmt, andere wie Carl Sandhaas, Lene Voigt oder Helene von Druskowitz in Vergessenheit geraten. So entsteht das Bild einer faszinierenden Vielfalt von Charakteren, in deren Schaffen sich Devianz und außerordentliches Talent oftmals gegenseitig bedingten und beförderten.

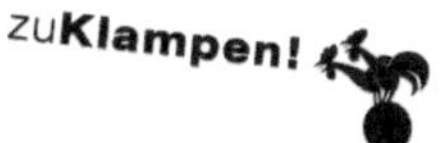

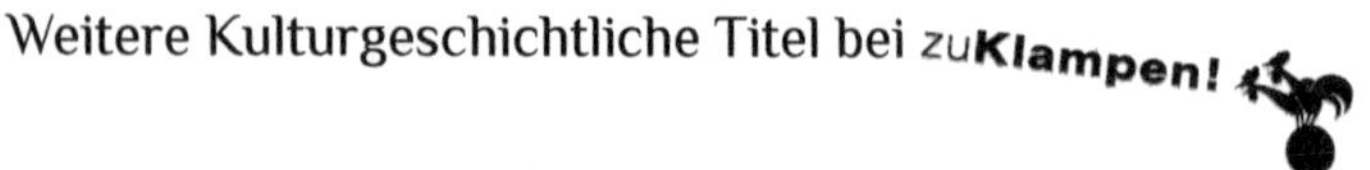

Gerhard Staguhn

Der Penis-Komplex

Eine Analyse: biologisch, geschichtlich, psychologisch, persönlich

336 Seiten, 12,5 × 20,5 cm
Hardcover mit Schutzumschlag
ISBN 978-3-86674-546-9

Von der biblischen Penis-Genese zur Denaturalisierung von Sexualität: die erste Monografie über das beste Stück des Mannes und seine kulturgeschichtlichen Vermittlungen.

»Dieses Werk sollte in jeder Bibliothek stehen.« ***Die Welt***

Gerhard Staguhn

Und ewig lockt das Haar

Was es bedeutet, wie es wächst und warum es uns so anzieht

184 Seiten, 12,5 × 20,5 cm
Hardcover mit Schutzumschlag
ISBN 978-3-86674-591-9

Mal erotisiert es, mal stößt es ab: das Haar. Ob kurz oder lang, üppig oder schütter, glatt oder gelockt, gefärbt oder »natur«, stets weckt es Assoziationen – selbst wenn es fehlt.

»Ein sehr munteres Buch.« ***Die Zeit***

Michael S. Karg

Am Anfang war der Knoten

Die zentrale Bedeutung des Knotens für die Menschheit

Eine Kulturgeschichte

Hardcover, 12,5 × 19 cm, 280 Seiten
ISBN 978-3-86674-990-0

Der Knoten – wir alle kennen und verwenden ihn. Doch kaum jemand weiß Genaueres über seinen Ursprung und seine lange Geschichte. Dabei verwandeln Menschen seit Tausenden Generationen mit dem Knoten einfache Leinen – ob Schnur, Strick oder Seil – in Werkzeuge, Symbole, Zeichen, Zierden oder Mittel der Magie.

Einst unverzichtbarer Alltagsgegenstand, wird der Knoten in der Konsumgesellschaft zunehmend von Billigprodukten ersetzt – und bleibt doch das einzige Werkzeug der Vorzeit, das sich noch heute in jedem Haushalt befindet.

Weder im Alltag noch in der Wissenschaft wird der unscheinbaren und zugleich hocheffektiven Technik des Knotens besondere Aufmerksamkeit geschenkt. Dabei wäre unsere Menschwerdung ohne den Knoten vermutlich nicht möglich gewesen. Michael Kargs Buch zeichnet die Menschheitsgeschichte mit dem Blick durch die Knotenbrille nach. Entstanden ist eine Hommage an das, was die Menschheit verbindet.

»Ein erstaunliches Buch, geschrieben von einem wahren Knotenenthusiasten« ***BR24***

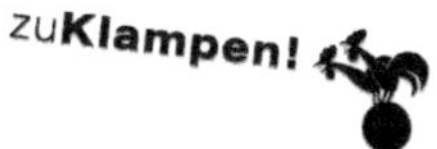